우리 강아지,
이럴 땐 어쩌죠?

**WHAT IF MY DOG...?**

Published by Interpet Publishing
ⓒ 2006 Interpet Publishing

All rights reserved.
Korean translation copyright ⓒ 2008, 2019 by RH Korea Co., Ltd.
Korean translation rights arranged with INTERPET PUBLISHING
through Eric Yang Agency.

이 책의 한국어판 저작권은 에릭양에이전시를 통한
INTERPET PUBLISHING 사와의 독점계약으로 한국어 판권을 ㈜알에이치코리아가 소유합니다.
저작권법에 의하여 한국 내에서 보호를 받는 저작물이므로 무단전재와 복제를 금합니다.

고민에 빠진 반려인을 위한 **반려견 긴급 상담소**

# 우리 강아지, 이럴 땐 어쩌죠?

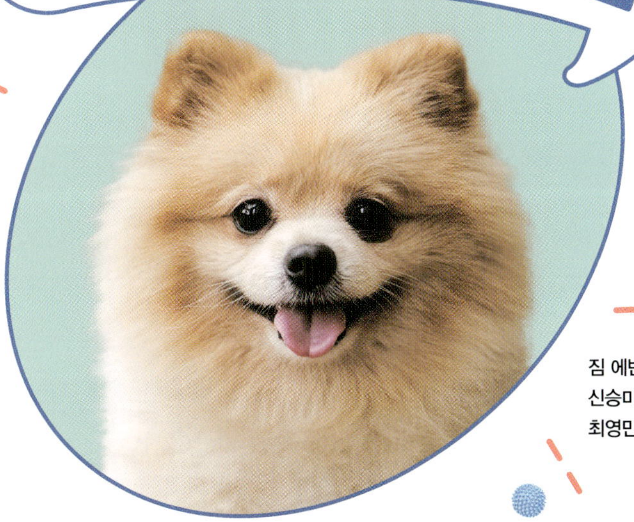


짐 에반스 지음
신승미 옮김
최영민 감수



RHK
알에이치코리아

## 추천의 글

　아파도 자신의 증상에 대하여 단 한마디 말조차 해주지 않는 지나치게 과묵한 동물들과 씨름을 하다 보면 참 답답할 때가 많습니다. 이제 그만 묵비권을 행사하고 "음, 저는요! 여기가 이렇게 저렇게 아프고 이건 여차여차해서 그렇습니다."라고 한마디만 해준다면 얼마나 좋을까. 지옥으로 끌려가던 파우스트가 천사들이 뿌린 장미꽃 덕분에 다시 천국으로 올라가면서 느꼈을 달콤함보다 더 감미로울 텐데!

　동물병원에 오는 반려견들 중에는 보호자가 적절한 조치를 취하거나 평소에 관리만 잘했어도 충분히 질병을 예방하거나 초기에 바로잡았을 경우가 허다합니다. 약간의 지식만 있다면 그토록 많은 보호자들이 진료 대기실에서 절망적인 얼굴로 주먹을 꼭 쥐고 눈물을 흘리는 상황은 벌어지지 않을 것입니다.

　반려견과 함께 행복하게 생활하려면 먼저 우리 자신과 반려견의 차이를 이해해야 합니다. 많은 분들이 무생물체인 자동차를 운전하기 위해 면

허증을 따려고 몇 달씩 노력합니다. 하지만 생명체인 개를 키울 때는 사전 지식을 쌓거나 가족과 충분히 의논하는 등 실질적인 준비 없이 덜컥 식구로 맞이하여 서로 고생하는 경우를 자주 접하게 됩니다.

　감수를 위해 이 책을 읽으면서 느낀 점은 "정말 보물과도 같은 책이구나." 하는 것이었습니다. 최신 동물행동학 교정법과 수의학적 지식이 책 곳곳에 담겨 있어 반려견을 키우면서 현실적으로 가장 흔하게 겪게 되는 행동학적 문제나 질병에 대해 쉽게 찾아보고 간단히 따라 할 수 있게 되어 있기 때문입니다. 이 보물 같은 책을 선택하는 것은 여러분의 판단에 달렸습니다. 부디 판단력의 여신이 여러분과 함께하기를!

최영민
서울시수의사회 회장
최영민동물의료센터 원장

## 머리말

　이 책은 반려견과 생활하는 모든 사람들이 반려견을 통해서 얻는 기쁨을 마음껏 누리되 불필요한 노력과 걱정은 최소한으로 줄일 수 있도록 돕기 위해서 쓰였습니다. 따라서 이 책에 소개된 내용을 잘 따라 실천하다 보면 어느새 건강하고, 유순하며, 골치 아픈 버릇이 없는 반려견과 즐겁게 생활할 수 있게 될 것입니다. 반려견도 여러분을 당황시키거나 다른 사람들과 갈등을 일으키지 않고 가족과 사회의 당당한 일원으로 편안하게 적응할 수 있을 것입니다.

　이 책은 총 4장으로 나뉘어져 있으며 반려견의 문제 행동과 그 원인, 집 안팎에서 일어나는 사고와 문제점, 질병의 예방과 극복, 노령 반려견의 삶의 질을 유지하는 방법을 다루고 있습니다. 각 장의 앞부분에서는 먼저 배경지식을 상세하게 소개하고, 잠재적인 문제의 발생을 예방하는 방법을 알려줍니다. 이어서 각 주제와 관련하여 일어나는 특정한 문제들을 좀 더 구체적으로 설명합니다. 각 장에서 번호 순서대로 정리한 질문과 답은 궁금한 사항이 있을 때마다 쉽게 찾아볼 수 있도록 구성한 것입니다. 이 책을 통해서 반려견을 키우며 겪는 어려움을 보다 빠르고 쉽게 해결할 수 있게 될 것입니다.

   이 책이 반려견과 생활하는 모든 이들에게 흥미롭고 실용적인 자료이자 오래도록 간직할 만한 필독서가 되기를 바랍니다. 또한 제가 평생을 반려견과 함께하며 행복을 누렸듯이 이 책을 읽는 모든 분이 반려견을 통해 즐거움을 얻게 되기를 기원합니다.

짐 에반스

## 차례

추천의 글 ·································· 004

머리말 ···································· 006

# 1장 | 반려견의 문제 행동과 원인

- ☐ 반려견과의 행복한 동거를 꿈꾸며 ············· 018
- ☐ 반려견의 언어 ······························ 020
- ☐ 학습 과정 ································· 024
- ☐ 강아지의 성장 단계 ························· 034
- ☐ 습관 형성을 위한 도구 ······················ 036
- ☐ 지배와 복종 ······························· 044
- ☐ 반려견 훈련의 중요성 ······················· 046
- ☐ 일반적인 문제 행동 해결법 ··················· 048
- ☐ 잘못된 행동 예방법 ························· 051
- ☐ 주변에 도움 청하기 ························· 057

> Q&A

## 우리 강아지, 이럴 땐 어쩌죠?

**001** 너무 심하게 짖어대요 ···················· 060
**002** 자꾸 손이나 발목을 깨물어요 ················ 062
**003** 가족들이 아끼는 물건을 씹어대요 ············· 063
**004** 사람들을 공격해요 ······················· 065
**005** 성욕 과잉 증상을 보여요 ··················· 066
**006** 같이 사는 다른 반려견을 질투해요 ············· 068
**007** 사람한테 뛰어올라요 ····················· 070
**008** 자전거 탄 사람을 쫓아다녀요 ················ 072
**009** 지나치게 순종적이에요 ···················· 074
**010** 다른 개들에게 너무 공격적이에요 ············· 075
**011** 말을 안 듣고 불러도 오지 않아요 ·············· 077
**012** 차멀미로 힘들어해요 ····················· 078

**013** 배설물을 먹어요 ························ 081
**014** 너무 지배적이에요 ······················· 083
**015** 혼자 남겨지면 불안해하고 물건을 망가트려요 ···· 084
**016** 자꾸 목줄을 당겨요 ······················ 088
**017** 다른 사람들을 겁내요 ····················· 090
**018** 사람의 손을 심하게 핥아대요 ················ 091
**019** 자꾸 음식이나 관심을 구걸해요 ·············· 092
**020** 음식에 집착해요 ························ 093
**021** 음식을 자꾸 훔쳐 먹어요 ··················· 095
**022** 아무데서나 대소변을 봐요 ·················· 096
**023** 털 손질을 싫어해요 ······················ 101
**024** 공포증이 있어요 ························ 103

## 2장 | 집 안팎에서 일어나는 사고와 문제점

- ☐ 반려견의 실수 바로잡기 ············· 110
- ☐ 반려견 안전 수칙 ················· 111

### Q&A
### 우리 강아지, 이럴 땐 어쩌죠?

**025** 카펫과 가구를 더럽혀요 ················· 118
**026** 기름이나 타르를 묻히고 들어와요 ············ 121
**027** 밤사이에 실례를 해요 ·················· 124
**028** 집 안의 물건에 영역 표시를 해요 ············ 126
**029** 털이 많이 빠져요 ···················· 129
**030** 목욕을 해야 해요 ···················· 132
**031** 새로운 강아지나 갓난아이, 고양이와 처음 만나요 ·· 134
**032** 물건을 자꾸 씹어요 ··················· 141

**033** 털 손질을 거부해요 ··················· 143
**034** 약을 안 먹으려고 해요 ················· 146
**035** 사람이 많은 모임에 가야 해요 ············· 148
**036** 화상을 입었어요 ···················· 150
**037** 친구를 입양해줄까요? ················· 152
**038** 초콜릿을 통째로 먹었어요 ··············· 154
**039** 사람이 먹는 약을 삼켰어요 ··············· 156
**040** 감전돼서 의식을 잃었어요 ··············· 157

**041** 어떤 먹이를 줘야 하나요? ················ 159
**042** 발정기인데 집 안에 수컷 반려견이 있어요 ········ 162
**043** 암컷이 생리를 해요 ···················· 163
**044** 날카로운 이빨로 손을 물어요 ·············· 164
**045** 강아지가 사람의 얼굴을 핥아요 ············· 165
**046** 목걸이와 목줄을 싫어해요 ················ 166
**047** 길거리에서 대변을 봐요 ·················· 169
**048** 소변 본 자리에 있는 식물이 죽어요 ·········· 171
**049** 수영을 안 하려고 해요 ·················· 172
**050** 돌을 삼켜요 ························· 173
**051** 자꾸 정원의 흙을 파요 ·················· 174
**052** 배설물은 어떻게 치워야 하나요? ············ 176

**053** 길을 잃었는데 못 찾아와요 ··················· 177
**054** 반려견을 도둑맞았어요 ····················· 180
**055** 다른 반려견과 싸워요 ······················ 182
**056** 교통사고를 당했어요 ······················· 186
**057** 철창이나 가시덤불에 끼었어요 ················ 188
**058** 해변에서 돌이나 모래를 물어 와요 ············· 189
**059** 반려견 훈련소나 호텔에서 함부로 행동해요 ······ 190
**060** 벌에 쏘였어요 ···························· 191
**061** 차에서 의식불명 상태로 발견됐어요 ············ 192
**062** 잔디 색깔이 변했어요 ······················ 193
**063** 암컷이 산책을 하다가 짝짓기를 했어요 ·········· 194

# 3장 | 질병의 예방과 극복

- ☐ 질병의 증상 …………………………………… 198
- ☐ 기록 및 건강 검진 …………………………… 200
- ☐ 주요 전염병 …………………………………… 202
- ☐ 질병 및 이상 증세 …………………………… 206
- ☐ 질병의 예방 …………………………………… 219

### Q&A
### 우리 강아지, 이럴 땐 어쩌죠?

- **064** 풀을 뜯어 먹어요 ………………………… 222
- **065** 자꾸 토해요 ……………………………… 223
- **066** 음식을 안 먹어요 ………………………… 227
- **067** 너무 살이 쪘어요 ………………………… 229
- **068** 잘 먹는데도 비쩍 말랐어요 …………… 235
- **069** 물을 지나치게 많이 마셔요 …………… 236
- **070** 재채기를 해요 …………………………… 238
- **071** 눈물을 흘려요 …………………………… 240
- **072** 눈이 이상해요 …………………………… 242
- **073** 눈이 안 보여요 …………………………… 245
- **074** 귀를 흔들거나 긁어요 ………………… 246
- **075** 머리를 한쪽으로 기울여요 …………… 250
- **076** 숨을 이상하게 쉬어요 ………………… 252

**077** 털갈이를 해요 ················ 256
**078** 몸을 심하게 긁어요 ············ 258
**079** 계속 방귀를 뀌어요 ············ 265
**080** 꼬리를 물거나 엉덩이를 땅에 문질러요 ······· 267
**081** 설사를 해요 ················ 269
**082** 대변에 피가 섞여 나와요 ········· 271
**083** 변비에 걸렸어요 ·············· 272

**084** 소변을 안 봐요 ··············· 274
**085** 대소변을 지려요 ·············· 275
**086** 소변에 피가 섞여 나와요 ········· 278
**087** 생식기에서 분비물이 나와서 자꾸 핥아요 ······ 280
**088** 배가 볼록해요 ··············· 281
**089** 절뚝거려요 ················· 285
**090** 기침을 해요 ················ 288

**091** 먹는 걸 힘들어해요 ············ 290
**092** 입 냄새가 심해요 ············· 292
**093** 경련이나 발작을 일으켜요 ········ 295
**094** 혹이나 종기가 있어요 ·········· 298
**095** 다쳤어요 ·················· 301
**096** 계속 몸을 핥아요 ············· 305
**097** 힘이 없어요 ················ 306

**098** 쓰러져서 혼수상태가 됐어요 ·················· 307
**099** 숨을 안 쉬어요 ································· 310
**100** 소리를 못 들어요 ······························· 311
**101** 침을 너무 많이 흘려요 ························ 313
**102** 성욕 과잉이에요 ································ 314
**103** 물을 너무 많이 마셔요 ························ 316
**104** 털이 빠져요 ······································ 317
**105** 전보다 자주 소변을 봐요 ····················· 318
**106** 소변을 지려요 ··································· 319

**107** 냄새 나는 혈뇨를 힘들게 눠요 ··············· 320
**108** 배가 나왔어요 ··································· 321
**109** 혹이 생겼어요 ··································· 322
**110** 생식기를 심하게 핥아요 ······················ 324
**111** 생식기에서 분비물이 나와요 ················ 325
**112** 실수로 짝짓기를 해버렸어요 ················ 326
**113** 원치 않는 임신을 했어요 ····················· 328
**114** 발정기 무렵에 배앓이를 해요 ··············· 329
**115** 발정기에 문제를 일으키면 어쩌죠? ········ 330

# 4장 | 노령 반려견의 삶의 질 유지하기

☐ 나이 든 반려견과 살아가기 ·················· 336

**Q&A**

## 우리 강아지, 이럴 땐 어쩌죠?

**116** 나이가 들었어요 ······················· 340

**117** 청력을 잃어가요 ······················· 341

**118** 시력을 잃어가요 ······················· 342

**119** 요실금이 생겼어요 ····················· 343

**120** 소화불량이에요 ······················· 344

**121** 관절염 때문에 힘들어해요 ················ 345

**122** 안락사를 시켜야 할까요? ················ 346

찾아보기 ································ 349

## 이 장에서 다룰 내용

**001** 너무 심하게 짖어대요

**002** 자꾸 손이나 발목을 깨물어요

**003** 가족들이 아끼는 물건을 씹어대요

**004** 사람들을 공격해요

**005** 성욕 과잉 증상을 보여요

**006** 같이 사는 다른 반려견을 질투해요

**007** 사람한테 뛰어올라요

**008** 자전거 탄 사람을 쫓아다녀요

**009** 지나치게 순종적이에요

**010** 다른 개들에게 너무 공격적이에요

**011** 말을 안 듣고 불러도 오지 않아요

**012** 차멀미로 힘들어해요

**013** 배설물을 먹어요

**014** 너무 지배적이에요

**015** 혼자 남겨지면 불안해하고 물건을 망가트려요

**016** 자꾸 목줄을 당겨요

**017** 다른 사람들을 겁내요

**018** 사람의 손을 심하게 핥아대요

**019** 자꾸 음식이나 관심을 구걸해요

**020** 음식에 집착해요

**021** 음식을 자꾸 훔쳐 먹어요

**022** 아무데서나 대소변을 봐요

**023** 털 손질을 싫어해요

**024** 공포증이 있어요

## 1장

# 반려견의 문제 행동과 원인

## 반려견과의 행복한 동거를 꿈꾸며

　반려견과 함께 생활하는 것은 대단히 보람 있는 일이며 보호자는 물론이고 가족 전체에게도 매우 유익하다. 별다른 문제만 발생하지 않는다면 개를 반려동물로 삼는 것은 보호자와 반려견 모두에게 무엇보다 즐겁고 행복한 경험이다. 그러나 최고의 상황이라도 항상 문제는 발생하기 마련이니, 반려견과 살아갈 때에도 여러 가지 어려움이 있을 수밖에 없다.

　일반적으로 나이가 어린 반려견을 키우면서 나타나는 문제의 원인은 대체로 두 가지로 볼 수 있다. 반려견이 습관화 및 사회화가 이루어지는 중요한 발달 단계에서 교육을 제대로 받지 못했거나, 반려견과 접촉한 사람들이 올바르고 일관된 자세를 유지하지 못한 것이다. 한편, 완전히 성장한 뒤에 입양된 반려견도 마찬가지로 문제가 생길 수 있다. 이런 경우는 대부분 잘못된 훈련을 받았거나 훈련을 잘못 적용한 결과 생긴 나쁜 버릇이 몸에 완전히 배어버렸기 때문에 발생한다.

　그러나 정작 대부분의 보호자들은 반려견의 행동에 문제가 있다는 사실을 깨닫지 못하고 있으며, 설사 안다고 하더라도 솔직하게 인정하지 않는 경향이 있다. 뿐만 아니라 많은 사람들이 이런 문제들을 반려견과 생활하기 위해서 당연히 감수해야 할 과정이라고 오해하고 있다.

질병에 걸려 죽는 반려견 못지않게 나쁜 버릇 때문에 안락사를 시킬 수밖에 없는 반려견의 수가 상당히 많다는 사실을 알고 있는가. 이와 같은 비극적인 상황이 더 이상 지속되면 안 된다는 점에는 누구나 동감할 것이다. 이 책에 나온 조언을 유념하고 따른다면 반려견과 생활하면서 겪게 되는 다양한 어려움들을 손쉽게 해결하거나 예방할 수 있을 것이다.

먼저 1장에서는 반려견이 생각하고 학습하는 방법을 설명하고 반려견에게 올바른 습관을 들이는 훈련법을 소개한다. 여기에 나온 내용을 잘 익혀두면 다양한 문제들의 원인을 스스로 파악하고 해결할 수 있게 될 것이다. 또한 문제 행동을 예방할 수 있는 방법을 알려준다. 이미 몸에 밴 나쁜 습관을 고치려고 노력하는 것보다 처음부터 이런 버릇이 들지 않도록 예방하는 것이 가장 좋은 방법이다. 특히 주변의 물건을 깨부수거나 사람에게 공격적인 태도를 보이는 버릇은 근절시켜야 한다. 마지막으로 일반적으로 반려견이 보이는 문제 행동을 상세하게 다루면서 각 상황을 잘 해결할 수 있는 방법을 조언한다. 여기에서 중요한 점은 반드시 수의사나 숙련된 조련사에게 전문적인 도움을 받아야 하는 상황을 분명하게 제시하고 있다는 것이다.

행동이 올바르고 사회화 훈련이 제대로 된 반려견은 가정에 특별한 즐거움을 안겨준다. 그러나 반려견과 살다 보면 갖가지 문제들과 부딪치기 마련이며 심한 경우에는 가정불화를 유발하는 요인이 되기도 한다. 이 책의 목적은 이러한 문제점이 발생하는 이유를 파악하도록 돕고, 각 문제의 해결책과 예방법을 제안하는 것이다.

## 반려견의 언어

반려견은 말을 하지 못하며 우리가 하는 말을 정확하게 이해하지 못한다. 사람처럼 자신의 잘못이나 다른 이들의 경험을 통해 학습하는 능력도 없다. 당연히 '무엇을, 언제, 왜, 어떻게'와 같이 핵심적인 질문도 하지 못한다. 반려견이 '내가 엄마 뜻대로 행동한 거 맞아요?', '대체 왜 나한테 화를 내는 거죠?', '내가 뭘 잘못했는데요?'와 같은 질문을 할 수만 있다면 가르치고 훈련시키는 일이 얼마나 쉬워지겠는가.

그나마 정말 다행스러운 점은 반려견이 비록 말은 못하더라도 무의식적인 몸짓, 표정, 태도 등의 신체 언어를 통해서 의사를 상당히 구체적으로 표현한다는 것이다. 또한 반려견은 매우 눈치가 빠른 관찰자이다. 사람의 행동에 나타나는 미세한 변화를 감지할 수 있으며, 바로 이 때문에 때론 반려견이 우리의 속마음을 빤히 꿰뚫어 보는 것 같은 느낌이 드는 것이다.

때때로 반려견이 아직 일어나지 않은 일을 예상하고 반응하는 것도 바로 사람의 신체 언어를 읽을 줄 알기 때문이다. 행동 연구의 관점으로 볼 때 이는 대단히 중요하다. 즉, 반려견을 제대로 이해하려면 개의 신체 언어를 읽고 해석해야 하며, 올바른 습관을 가르치는 훈련을 할 때도 명령어와 함께 이 신체 언어를 잘 활용해야 한다. 반려견을 훈련시킬 때 대개 이를 간과하는데,

신체 언어를 활용하는 것이 소리를 질러대는 것보다 훨씬 효과적이라는 점을 명심하자.

신체 언어 사용의 중요성을 인식해야 하는 이유가 하나 더 있다. 반려견은 어떤 행동을 했을 때 사람이 무심코 던진 말이나 몸짓을 칭찬으로 받아들이고 그 행동을 반복한다. 결국 우리가 의도하지 않았더라도 반려견의 특정한 행동을 조장하고 강화시키게 되는 것이다. 실제로 반려견의 잘못된 버릇은 대부분 이런 이유로 생긴다. 문제가 되는 몸짓이나 말을 중단하고 되풀이하지 않으면 반려견의 나쁜 버릇은 급속하게 약화되며 시간이 지날수록 뇌에서 사라지고 마침내 완전히 없어진다.

반려견의 현재 감정 혹은 앞으로 하려는 행동은 귀나 꼬리를 세우는 모습이나 표정 등의 전반적인 태도를 잘 관찰하면 쉽게 파악할 수 있다. 특히 반려견이 아주 어렸을 때부터 오랜 시간에 걸쳐 주의 깊게 관찰하면, 우리에게 하려는 말을 잘 이해할 수 있다. 다음의 표는 일반적으로 반려견이 몸으로 표현하는 신호를 설명한 것이다.

❃ 반려견이 당신의 속마음을 읽는 것 같더라도 놀랄 필요는 없다. 반려견은 사람들의 몸짓과 태도, 표정을 빠르게 감지한다. 비록 말을 못해도 사람의 생각을 읽는 데 뛰어난 능력을 가지고 있다.

## 반려견의 신체 언어 이해하기

| | 신호 | 의미 |
|---|---|---|
| 귀 | 쫑긋 세우거나 앞쪽으로 세울 때 | "흥미가 생기네요. 내가 어떻게 할까요?" (눈치 빠르게 듣고 있음) |
| | 머리 뒤쪽으로 딱 붙일 때 | "몸조심하라고요!"(항복 혹은 만족이나 공격 준비) |
| | 뒤로 젖히거나 머리 밑으로 내릴 때 | "잘못했어요. 벌주지 마세요!"(두려움) |
| 눈 | 눈을 가늘게 뜨거나 반쯤 뜨고 있을 때 | "나한테 다가와도 돼요!"(만족 혹은 항복) |
| | 눈을 크게 뜨고 쳐다볼 때 | "내가 대장이야. 나한테 도전하지 말라고!"(위협) |
| | 부드러운 눈으로 비스듬히 바라볼 때 | "당신 스타일이 마음에 들어요!"(승인) |
| 입 | 한쪽 이를 드러내고 싱긋 웃을 때 | "더 가까이 와도 좋아요!"(우호적인 인사) |
| | 입술을 양쪽으로 젖히고 이빨을 드러낼 때 | "주의해요!"(공격 준비) |
| | 밑으로 내려뜨린 채 짖지 않을 때 | "이제 공격을 개시할 거예요. 각오하는 게 좋을걸요!" |
| 몸통 | 발끝으로 서거나 가슴을 앞으로 내밀 때<br>목과 등에 난 털이 곤두서 있을 때 | "나 진심이라고요!"(공격) |
| | 공격적인 자세로 입을 벌린 채 짖을 때 | "좋은 사람인지 아닌지 확신이 안 서요. 약간 겁도 나고 도망치고 싶기도 해요. 날 그냥 내버려두는 게 최선일걸요!" |
| | 바닥에 등을 대고 발랑 누우며 경우에 따라 소변을 질금 흘릴 때 | "항복할게요. 해치지만 마세요." |
| 꼬리 | 45도 각도로 들거나 척추보다 높게 올릴 때 | "조심스럽지만 관심이 가는군요." |
| | 엉덩이에 딱 붙여서 밑으로 향하고 있을 때 | "좀 불안하고 겁이 나요." |
| | 양다리 사이 안쪽으로 4분의 1가량 구부러져 있을 때 | "정말 무섭고 두려워요." |
| | 천천히 휘두를 때 | "슬슬 짜증이 나기 시작하는군. 이제 공격을 해볼까?" |
| | 양쪽으로 흔들 때 | "정말로 행복하고 즐거워요." |

🐾 **장난** 장난을 치는 자세이다.
보통 열의가 가득한 표정으로 꼬리를 흔든다.

🐾 **공격** 가슴을 앞으로 내밀고
눈은 상대에게 고정되어 있다.

🐾 **평온함** 눈빛이 초롱초롱하고
꼬리에 긴장이 풀려 있다.

🐾 **두려움** 꼬리가 양다리 사이 안쪽으로 구부러지고
귀가 뒤로 젖혀져 있으며 위축된 자세를 취한다.

🐾 **항복** 바닥에 등을 대고 발랑 누우며
소변을 질금 흘리기도 한다.

# 학습 과정

반려견이 좋은 습관을 가지고 주변 환경에 자연스럽게 융화되어 살아가게 하려면 명령어에 제대로 반응하는 법을 가르쳐야 한다. 이를 위해 먼저 개의 일반적인 학습 과정을 이해해야 한다. 개는 기본적으로 '습관화 및 사회화'와 '연합'이라는 두 과정을 거쳐 학습한다.

## 습관화 및 사회화

'습관화'는 반려견이 새로운 생활환경에 적응하고 그에 익숙해져서 다양한 소리나 사물 등과 같은 무생물의 자극들을 두려움 없이 받아들이게 되는 과정을 의미한다. '사회화'는 반려견이 다양한 사람 및 동물에게 익숙해져서 이들이 있는 가운데에서도 편하게 생활할 수 있게 만드는 과정이다.

갓 태어난 강아지들은 생존 본능에 따라 새로 경험하는 모든 것을 잠재적인 위협으로 받아들이며 회피한다. 간단히 말해서 습관화 및 사회화 훈

🐾 사회화 훈련은 강아지들이 낯선 사람과 동물을 거부감 없이 받아들이게 한다. 습관화 훈련은 생소한 광경이나 소리에 익숙해지도록 만드는 과정이다.

련은 이처럼 '배우지 않은, 즉 선천적으로 타고난 습성을 없앤다'는 의미이다. 진공청소기의 소음이 들리거나 자신의 영역에 낯선 개 혹은 처음 보는 우체부가 등장하는 등 예상치 못한 상황이 벌어지더라도 걱정할 필요가 없다는 점을 어린 강아지에게 가르치는 것이다.

강아지들이 그런 다양한 소음이나 사람을 자주 접하고 불쾌한 경험을 하지 않으면 곧 익숙해져서 아무런 신경도 쓰지 않게 된다. 두려움에 대한 천성적인 반사 반응이 사라지게 되며, 혹시 남더라도 그 강도가 현저히 줄어든다. 이것이 바로 습관화와 사회화의 효과이며, 이러한 훈련의 중요성은 강아지가 자랄수록 더욱 분명해진다.

따라서 어린 강아지의 보호자는 이 부분에 큰 관심을 가지고 특히 생후 3~4개월 사이에 다양한 소리, 동물이나 사람과 접하고 익숙해질 수 있는 기회를 많이 마련하도록 노력해야 한다. 물론 조금 더 성장한 후에 습관화 및 사회화 훈련을 시키더라도 아주 늦지는 않다. 그러나 이 경우에는 반드시 부드러운 소리, 조용하고 위협적이지 않은 사람이나 동물과 먼저 접하도록 유도한 뒤 주의를 기울여서 천천히 진행해야 한다. 여기에서 가장 중요한 점은 반드시 각 상황에서 기분 좋은

❖ 사회화 훈련을 제대로 받은 반려견은 다른 동물들 사이에서도 불안해하지 않는다.

경험을 할 수 있도록 배려하고, 반려견이 새로운 만남을 잘 받아들일 경우 꼭 상이나 칭찬을 통해 보상해주어야 한다는 것이다. 부정적인 상황은 최대한 피하되 혹시 그런 상황이 발생하면 처음 단계로 돌아가 새로운 소리나 사람, 동물과 친숙해지는 훈련부터 다시 시작한다.

반려견이 여러 종류의 소리에 익숙해지도록 훈련할 수 있는 CD도 많이 출시되어 있다. 이를 이용하면 녹음된 천둥소리나 불꽃놀이 소리 등을 다양한 음량으로 들을 수 있다는 장점이 있다. 단, 최대의 효과를 얻고 싶다면 각 CD에 첨부된 설명서를 잘 따라야 한다.

### 강아지가 익숙해져야 할 환경의 예

| 사람 | 소리 | 사물 | 동물 |
|---|---|---|---|
| • 시끄럽게 노는 어린이들 | • 경찰차, 소방차, 구급차 등의 사이렌 | • 자전거나 오토바이 | • 고양이를 비롯한 다른 반려동물 |
| • 사람들로 붐비는 거리 | • 불꽃놀이 | • 버스 | • 다른 반려견 |
| • 환경미화원 | • 전화 | • 자동차 | • 소 |
| • 다양한 여성과 남성 (수의사 포함) | • 텔레비전 및 라디오 | • 기차 | • 말 |
| • 우체부 | • 진공청소기 | • 발판 및 계단 | • 양 |
| • 지팡이를 사용하는 사람 | | | |

**연합**

심리학에서 말하는 '연합(association)'을 통한 학습을 반려견 교육에 응용할 수 있다. 심리학에서는 반복을 통해 본래 관계가 없던 자극과 반응을 결합시킬 수 있다고 말한다. 이러한 연합 학습은 크게 고전적 조건 부여와 도구적 조건 부여로 나눌 수 있다. 고전적 조건 부여는 파블로프의 개 실험처럼 자연적인 무조건 반응(타액 분비)에 조건 자극(종소리)을 반복적으로 제시함으로써 조건 자극만으로도 같은 반응을 이끌어내는 것이다. 반면 도구적 조건 부여는 스키너 상자 실험처럼 자발적인 반응(레버를 누름)에 대해 보상(먹이가 나옴)을 부여함으로써 점차 자발적인 반응을 강화하는 것을 말한다.

### ➤ 도구적 조건 부여

일반적으로 도구적 조건 부여는 개를 훈련시킬 때 주로 사용하는 방법이다. 개는 자신의 행동에 따른 결과물을 통해 학습을 하게 된다. 다시 말해 개는 본래 시행착오를 통해서 학습을 한다. 반복 훈련을 통해서 자신이 어떤 행동을 하느냐에 따라 결과가 만족스럽거나 불쾌해진다는 사실을 깨닫게 되는 것이다. 결과가 만족스러우면 개는 그 행동이 반복할 가치가 있다고 여긴다. 반면 고통스럽거나 불쾌한 결과가 생기면 그처럼 보상받지 못하는 행동을 다시 할 필요가 없다는 사실을 깨닫는다.

여기서 중요한 점은 개는 말을 못하기 때문에 다른 개를 가르칠 수 없으며, 과거의 일과 바로 직전에 일어난 일을 연계해서 생각하지 못한다는 것이다. 즉, 개는 어떤 행동을 하고 0.5~1초

내에 바로 보상이나 벌을 받아야만 자신이 한 일의 가치를 인식한다. 따라서 나쁜 행동을 바로잡거나 명령어에 맞는 반응을 보이도록 가르치려면, 반려견이 해당 행동을 한 직후에 바로 보상이나 벌을 주는 것이 매우 중요하다는 것을 이해하고 이를 잘 활용해야 한다.

앞서 강조한 즉각적인 보상 방법은 실생활에서 자주 쓰이는 여섯 가지 주요 명령어에 잘 따르도록 훈련시킬 때 반드시 적용되어야 한다. 또한 가장 중요한 명령어인 '안 돼'를 가르치는 훈련과, 가능하다면 고주파 호루라기 소리나 미리 정해놓은 소리

❖ 반려견이 명령어에 정확하게 반응을 보이는 즉시 간식을 주면, 반려견은 다시 보상을 받으려는 기대심리로 같은 행동을 반복한다.

❖ 도구적 조건 부여를 잘 활용하면 반려견에게 '앉아', '기다려'와 같은 기본적인 명령어를 가르치는 데 큰 도움이 된다.

가 날 때 소변을 보는 훈련에도 적용되어야 한다.

이런 명령어를 사용할 때는 반려견이 즉각적으로 반응을 보이도록 항상 어조에 힘을 실어야 한다. 그리고 반려견이 올바르게 반응할 때 사용하는 '좋아'라는 말도 인식시켜야 한다. 군사 훈련에서 '쉬어'라고 말하는 것과 마찬가지로 개를 훈련시킬 때도 이 말을 자주 사용한다.

### ▶ 고전적 조건 부여

고전적 조건 부여를 통한 학습의 예로 러시아의 생리학자 파블로프가 개를 대상으로 한 실험을 들 수 있다. 그는 타액 분비가 음식이 입에 닿을 때마다 자동적으로 일어나는 반사 반응이라는 사실을 입증했다. 이어서 음식을 주는 시간에 계속해서 종을 울리면 개는 점차 종소리가 들릴 때마다 음식이 나올 것을 예상하고 기대에 차서 침을 흘리기 시작한다는 사실도 밝혀냈다. 이러한 훈련을 받은 개는 음식이 준비되지 않은 상황에서도 종소리를 들으면 반사 반응을 보인다.

고전적 조건 부여는 강아지의 배변 훈련에 활용될 수 있으나 나이 많은 반려견의 경우에는 소변 훈련에만 효과가 있다. 반려견이 배변하려 할 때마다 배변 장소로 데리고 가면 배변 활동과 이러한 행동의 연관성을 인식하게 된다. 이때 고주파 호루라기를 불어서 신호를 보내면 점차 특정한 소리를 들으면 배변해야 한다는 것을 배운다. 이와 같이 즉각적인 반응은 춥고 어두운 밤이나 자동차로 장거리 이동을 할 때 대단히 유용하다.

## 효과적인 훈련 비법

- 훈련을 재미있게 한다.
- 갓 태어난 강아지나 성견을 입양한 후 첫 두 달이 가장 중요한 시기이다. 특히 기본적인 습관을 형성하는 데 중점을 두고 하루에 두세 번씩 매일 훈련을 시킨다. 시간은 5분에서 10분 정도가 적당하다. 훈련은 매 식사 시간 사이에 하는 것이 가장 적당하며, 산책을 나가기 전이나 반려견이 흥미로워할 만한 일을 앞두고 있을 때는 훈련을 시키지 않아야 한다. 훈련 역시 일종의 학습이므로 집중이 필요하기 때문이다.
- 필요하다면 산책하는 동안에 훈련을 할 수도 있다. 그러나 산책이 본질적으로 반려견에게 큰 즐거움을 주는 시간이라는 점을 고려한다면 산책 시간은 명령어를 가르치기에 적당한 때가 아니다. 반려견은 주위에서 나는 냄새나 소리에 더 관심을 갖느라 훈련에 집중하지 못할 것이다.
- 반려견이 당신이 원하는 행동을 하는 순간을 자연스럽게 포착해서 그에 해당하는 명령어를 말하는 방식으로 훈련을 시작하면 상당히 효과적이다. 예를 들어 개가 앉거나 누우려는 기미가 보이면 그 동작에 맞는 명령어를 재빨리 말한다. 그리고 반려견이 그 동작을 하고 나면 즉시 보상을 해준다. 반려견은 상을 받으려면 지시한 대로 행동해야 한다는 것을 곧 깨닫게 된다. 명령어에 맞는 행동을 한 뒤 0.5초 안에 칭찬이나 간식 혹은 장난감 등의 보상을 줘야 효과가 있다.
- 몸짓과 말을 동시에 사용한다. 예를 들어 '기다려'를 가르칠 때는 명령어를 말하는 동시에 앉으라는 몸짓을 하면서 손바닥을 보여주고, '누워'를 가르칠 때는 손을 아래로 향하게 한다.
- 일단 어떤 명령어와 몸짓을 사용했다면 그것을 일관되게 사용한다. 반려견과 접촉하는 모든 사람들이 항상 이를 정확하게 사용하도록 주의시킨다.
- 반려견이 명령어에 맞는 반응을 재빨리 보일 경우에는 항상 바로 칭찬을 해주거나 간식을 제공해야 한다. 그러므로 기본적인 행동 훈련을 시키는 동안에는 상으로 줄 간식거리를 꼭 가까운 곳에 두어야 한다. 일단 훈련이 잘돼서 명령어에 따라 행동한 다음부터는 부정기적인 간격으로 상을 주면서 해당 명령어와 이에 맞는 올바른 반응을 상기시켜 준다. 아예 상을 주지 않으면 반려견은 명령어에 맞는 행동을 해야 한다는 것을 금방 잊어버린다.

- 다른 가족도 훈련에 참여하는 경우 모두 같은 명령어와 신호를 사용하도록 각별히 주의한다. 각자 다른 명령어와 신호를 사용하면 반려견을 혼란스럽게 하여 효과가 없다.

## 기본 훈련

반려견이 문제없이 공동 사회에 적응해 살아가게 하려면 적어도 다음과 같은 명령어에 정확하고 순종적이고 재빠르게 반응을 보이도록 훈련시키는 것이 무엇보다 중요하다.

올바른 습관을 들이고 유지하는 훈련에는 도구적 조건 부여와 같은 행동수정 방법과 교구를 사용하는 것이 좋다. 한편 간단한 습관 훈련은 일반적인 통설과 달리 생후 10~12주 정도면 충분히 시작할 수 있으므로 반려견이 성장할 때까지 기다리지 않아도 된다.

### ➤ 명령어

**"엎드려"**: 짧고 날카로운 어조로 명령하고 즉각적으로 반응하도록 가르친다. 팔을 아래로 향하는 동작을 하면서 명령어를 말하면 효과가 좋다. 한편 반려견이 뛰어오르는 행동을 중단시킬 목적이라면 이 명령어를 사용해선 안 된다.

**"기다려"**: 예를 들어 멀리 떨어져 있는 보호자에게 오려고 도로를 무단 횡단하는 등의 상황을 막는 데 유용한 명령어다. 손바닥을 밖으로 뻗으며 날카로운 어조로 명령한다. 처음에는 반려견과 2~3미터 정도만 떨어진 상태에서 훈련을 시작하고, 반려견과의 거리를 점점 늘리면 쉽게 성공할 수 있다.

**"따라와"**: 훈련하는 동안 걷는 방향을 계속 바꾸면 개가 앞장서서 나가는 습관을 고칠 수 있다. 몸집이 큰 개의 경우는 머리에 씌우는 목줄을 하면 힘들게 줄을 잡아당겨야 하는 상황을 막을 수 있다. 이 훈련은 반려견이 보호자를 따라오게 하는 것이므로 일상적인 산책에서 적용하는 것은 옳지 않다. 따로 훈련 시간을 마련하는 것이 효과적이다.

**"이리 와"**: 이 명령어는 사고 발생을 막을 수 있다는 측면에서 가장 유용하다. 처음에는 개의 관심을 확보하기 위해 긴 목줄을 채워놓고 시작하는 것이 좋다. 일단 '이리 와'라는 명령어에 올바르게 반응한 뒤에는 아무리 잘못된 행동을 했더라도 절대 야단을 치면 안 된다. 격려하는 어조로 명령을 하면서 동시에 보호자 쪽으로 반려견을 부르는 몸짓도 병행한다.

**"앉아"**: 명령어에 즉각적으로 반응을 보이도록 훈련시키되 반려견의 엉덩이가 제대로 땅에 닿도록 한다. 최근에는 높은 톤으로 명령할수록 훈련에 더 효과적이라는 주장도 제기되고 있다.

### ➡ 성공 비법

- 처음에는 매일 몇 분씩 훈련 시간을 따로 마련해서 실시하고, 점차 일주일에 한 번으로 횟수를 줄인다. 반려견이 모든 명령어에 재빠르고 올바르게 반응할 수 있도록 연습시키고 지속적으로 반복 학습하여 이를 강화시킨다.
- 이와 같은 기본 훈련 시간은 즐거워야 한다. 특히 나이가 들어서 입양한 개의 경우에 큰 효과를 볼 수 있을 것이다.

🐾 **"따라와"** 처음 '따라와' 훈련을 할 때는 목줄을 채워야 하지만 일단 반려견이 보호자의 보조에 맞춰 걷는 데 익숙해지면 줄 없이 훈련해도 좋다. 훈련이 잘된 반려견은 보호자에게 관심을 집중하므로 걷는 속도나 방향에 조금만 변화를 줘도 재빠르게 반응한다.

🐾 **"앉아"** 반려견을 앉히고 싶을 때는 수신호가 효과적이다. 반드시 엉덩이가 땅에 닿을 정도로 앉도록 훈련시켜야 한다.

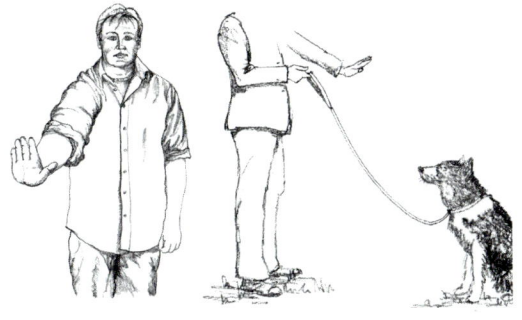

🐾 **"기다려"** 반려견이 안전한 곳에서 움직이지 않고 기다리도록 훈련하는 것이 중요하다.

🐾 **"이리 와"** 명령을 받은 즉시 부르는 사람 쪽으로 오도록 훈련시켜야 한다. 이 훈련의 성사 여부에 반려견의 안전이 달려 있다.

🐾 **"엎드려"** 이렇게 엎드려 있는 것은 개에게 아주 편한 자세다. 이 명령어는 잠시 동안 움직이지 않고 있어야 하는 상황에서 유용하다.

## 강아지의 성장 단계

반려견의 습성과 훈련법을 이해하려면 강아지가 거치는 몇 가지의 중요한 성장 단계를 파악하고 있어야 한다.

- 신생아 단계                     2~4주 ± 1주
- 1차 습관화/사회화 단계          4~7주 ± 1주
- 일반적인 습관화/사회화 단계     8~12주 ± 1주
- 감수성 발달에 결정적인 단계     8~12주 ± 1주

강아지는 신생아 단계에서 주로 어미에게 보살핌을 받지만 사람에 의해 양육되는 경우에는 브리더가 강아지가 건강하며 젖을 잘 빨고 정상적으로 배변을 하는지를 주의 깊게 살펴봐야 한다.

강아지는 습관화/사회화 단계에서 학습 능력이 절정에 달하기 때문에 어린 반려견을 데리고 있다면 이 시기를 최대한 활용하여 훈련해야 한다. 앞으로 그 반려견이 경험할 발달 및 안정성은 보호자가 이 시기에 얼마나 정성을 들여 반려견과 교감을 나눴느냐에 좌우된다.

또한 보호자는 반려견이 새롭게 겪는 모든 경험이 즐거운 기억으로 남도록 노력을 기울여야 한다. 이 시기에 습관화 및 사회

화 교육이 잘못되거나 부족하면 나중에 다음과 같은 문제를 유발할 수 있다.

- 두려움 때문에 사람이나 다른 동물에게 적대적임
- 병적인 공포증 혹은 도피 습성
- 분리불안: 혼자 있는 것을 두려워함
- 보호자와의 비정상적인 상호 관계: 과다한 애정 공세 등

브리더나 보호자는 1차 습관화/사회화 단계가 끝나갈 무렵에 반드시 대소변을 가리는 훈련을 시작해야 한다.

감수성 발달에 결정적인 영향을 미치는 단계에는 무서운 경험을 하지 않거나 적어도 최소화할 수 있도록 많은 노력을 기울여야 한다. 특히 이 시기에는 절대 체벌을 해서는 안 된다.

❀ 생후 8주(왼쪽)와 12주(오른쪽)가 된 복서 강아지들. 습관화와 사회화 훈련을 시키기에 가장 좋은 시기다.

## 습관 형성을 위한 도구

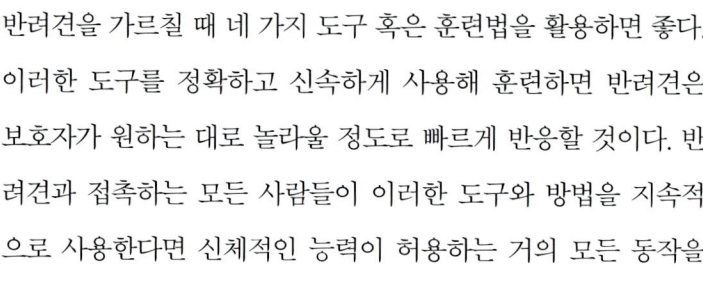

반려견을 가르칠 때 네 가지 도구 혹은 훈련법을 활용하면 좋다. 이러한 도구를 정확하고 신속하게 사용해 훈련하면 반려견은 보호자가 원하는 대로 놀라울 정도로 빠르게 반응할 것이다. 반려견과 접촉하는 모든 사람들이 이러한 도구와 방법을 지속적으로 사용한다면 신체적인 능력이 허용하는 거의 모든 동작을 훈련시킬 수 있다.

### 보상

#### ▶ 음식

반려견이 명령어에 맞는 반응을 보일 경우에 간식이나 애견 전용 초콜릿 쿠키, 고기나 치즈 조각을 상으로 주면 아주 효과적이다. 그러나 이런 보상은 반응을 보인 직후에 줘야 한다. 때문에 포장된 간식은 쓸모가 없다. 포장지를 뜯는 동안 반려견이 기다려야 한다면 명령어와 자신이 보인 반응 사이의 연관성을 깨닫지 못할 것이다.

#### ▶ 칭찬

반려견은 특히 열정적으로 격려의 말을 하면서 어루만지거나 쓰다듬는 행동을 포함한 모든 종류의 관심을 칭찬으로 받아들

❉ 명령을 잘 따른 직후 간식을 주면 올바른 습성을 강화시키는 효과가 있다.

인다. 따라서 잘못된 행동을 했을 경우 반려견이 칭찬으로 받아들일 만한 행동을 무의식적으로라도 하지 않도록 각별히 주의를 기울여야 한다. 이런 상황이 계속 발생하면 잘못된 습관이 몸에 밴다.

## 체벌

기본적으로 체벌은 세 가지 형태로 나뉜다. 직접적 혹은 간접적으로 고통스러운 자극을 주거나 즐거움을 없애는 방법이 있다.

### ▶ 고통을 주는 자극

반려견의 크기와 성향에 따라서 체벌의 수위를 다양하게 조절해야 한다. 잔인하게 혹은 홧김에 벌을 주는 일은 절대 금지한다. 이론상으로 보자면 체벌은 반려견이 보상을 받을 수 있는 이상적인 학습 행동에 적응할 수 있는 기회를 주는 것이다. 일단 체벌을 한 뒤에는 반드시 다음에 소개한 체벌 규칙을 따라야 한다.

### ▶ 마법의 체벌

소위 '마법의 체벌'은 실제로 매우 효과가 높다. 반려견이 나쁜 행동을 하고 있는 순간, 보이지 않는 장소에서 콩을 넣은 주머니 같

🐾 열정적으로 격려의 말을 하며 어루만지거나 쓰다듬어주는 칭찬이야말로 반려견에게 강력한 영향을 주는 상이다.

은 것을 던지는 것이다. 그 이유는 반려견이 체벌과 보호자를 연결해서 생각하지 못해 초자연적으로 일어난 벌이라고 받아들이게 되고, 나쁜 행동을 하자마자 예상치 못한 벌을 받게 되기 때문이다.

이런 체벌을 하려면 반려견이 잘못된 행동을 할 상황을 예견하고 행동이 이루어지는 순간에 바로 벌을 줄 준비를 하고 있어야 한다. 잘못된 행동을 하자마자 바로 벌을 받기 때문에 반려견은 원인과 결과 사이의 관계를 정확히 깨달을 수 있다. 이와 비슷한 방법으로 물총을 사용하는 것도 좋다. 반려견 뒤에서 훈련용 원판 혹은 구슬이나 조약돌을 넣은 깡통을 바닥으로 던져서 놀라게 하는 것도 나쁜 습성을 멈추게 하는 데 도움이 된다.

### 🔽 즐거움 없애기

반려견을 무시하고 전혀 신경을 쓰지 않거나 불쾌하다는 사실을 몸짓으로 보여주는 것도 잘못된 행동을 반복할 가치가 없다는 점을 가르치는 데 효과적이다. 이렇게 해도 고쳐지지 않으면 반려견을 평소에 자기만의 시간을 보내는 공간으로 내쫓고 한동안 내버려두는 것도 효과가 있다. 그러나 이 경우에 절대로 반려견의 잠자리를 체벌 장소로 삼아서는 안 된다. 반려견의 집은

### 체벌 규칙

- 체벌은 항상 일관되고 공정하며 즉각적으로 이루어져야 한다. 보통 손으로 반려견의 몸을 가볍게 때리는 형태가 좋다. 반려견의 머리 부분을 때리거나 막대기를 사용하는 것은 반드시 금지해야 한다.
- 체벌은 잘못된 행동을 멈추게 할 만큼 강해야 하지만 고통을 주거나 불필요하게 길어져서는 안 된다.
- 잘 놀라고 겁이 많은 반려견이나 생후 12주 이내의 강아지에게는 절대 벌을 주면 안 된다. 보통 이런 경우에는 불쾌하다는 느낌을 몸짓으로 보여주며 단호하게 "안 돼!"라고 말하는 것만으로도 충분히 효과가 있다.
- 콧등을 빠르고 강하게 두드리는 것은 몸집이 큰 반려견에게 효과가 있다. 그러나 이런 행동을 놀이로 착각하지 않도록 주의한다. 그런 경우 공격성이나 조급증 같은 역효과가 발생할 우려가 있다.
- 지시에 제대로 따랐을 경우 보상을 받는 새로운 명령어에 익숙해질 기회를 준다.
- 체벌을 하는 것이 옳은 상황인지 확신이 없을 경우에는 차라리 그 행동을 무시하는 게 낫다.

휴식을 위한 공간이지 감옥이 아니라는 점을 명심하자.

## 자연히 없어지기를 기다리기

어떤 훈련법을 사용해야 하는지 확신이 없다면 그 행동을 무시해버리는 것이 가장 좋다. 실수를 저지르는 것보다는 차라리 아무것도 하지 않는 편이 훨씬 낫기 때문이다. 실제로 많은 반려견의 경우 잘못된 행동이 사라지기를 기다리는 것이 가장 안전한 해결책이다. 특히 지배적인 성향이 지나치게 강한 반려견의 경우는 더욱 그렇다.

앞에서 설명한 다소 전통적인 훈련법은 간단하고 직접적이며 효과도 좋다. 많은 사람들이 오랫동안 시도하고 실험해온 이 방법들은 반려견과 생활하는 모든 가족들이 적극적으로 함께 훈련에 참여할 수 있는 상황이라면 적용해볼 만하다.

## 그 밖의 도구

### ➜ 클리커

이 훈련은 보상을 해주면서 클리커(clicker)를 사용해 각각 두 가지 톤의 딸깍 소리를 들려주는 것이다. 일단 반려견이 칭찬과 소리 사이의 관계를 인지한 뒤에는 딸깍 소리가 나면 자신이 보호자가 원하는 행동을 했다는 사실을 깨닫게 된다.

이 방법을 효과적으로 실행하려면 올바른 행동이 이루어지는 순간에 바로 딸깍 소리를 내야 한다. 행동이 끝난 다음에 소리를 내는 것은 아무 효과가 없기 때문에 정확하게 맞춰서 소리를 내는 것이 가장 중요하다. 물론 이 방법이 효과가 높다는 점은 분명하지만 일반 가정에서 적용하는 데는 한계가 있다. 이 훈련법을 효과적으로 사용하려면 관련 내용과 배경지식을 깊이 있게 이해하고 있어야 할 뿐더러, 순간적인 타이밍을 맞추기 위해서는 상당한 노력이 필요하기 때문이다. 이처럼 집에서는 쉽게 실행하기 어려운 방법이지만 최근 클리커 훈련의 효과가 더 널리 알려지면서 많은 보호자들이 시도하고 있는 추세이다.

### ➜ 훈련용 원판

이론적으로 훈련용 원판(training discs)은 두 가지 방법으로 사용된다. 첫째, 반려견이 잘못된 행동을 하고 있을 때 원판을 바닥

🐾 훈련용 원판이 땅에 부딪치면서 나는 딸그락 소리는 적절치 못한 행동을 하는 반려견의 주의를 분산시킬 수 있다.

에 던져서 반려견의 주의를 분산시켜 나쁜 습관을 없애는 것이다. 이렇게 하면 적어도 높이 뛰어오르거나 고양이를 쫓아다니는 것과 같은 경우에는 효과가 있다.

둘째, 원판이 땅에 부딪치면서 나는 딸그락 소리가 자신의 잘못된 행동과 관련이 있다는 점을 깨닫게 할 수 있다는 주장이 있다. 반려견이 '안 돼'라는 명령어와 원판의 소리를 연관 지어 받아들이기 시작한다는 것이다.

그러나 클리커와 훈련용 원판은 필요할 때 즉각적으로 사용할 수 없다는 것이 단점이다. 따라서 날카롭고 분명하게 "안 돼"라고 말하면서 손뼉을 크게 친 다음에 적절한 명령어를 말하고, 이를 잘 지켰을 경우에 보상을 해주는 것이 더 간단하고 나은 방법일 수 있다.

### 🐾 고약한 냄새가 나는 스프레이

일부 동물행동학 학자들은 고약한 냄새가 나는 액체가 들어 있는 스프레이를 사용하는 방법을 추천한다. 이들은 스프레이가 특히 어린 강아지들이 신발이나 어린이 장난감 등을 씹어대는 버릇을 고치는 데 효과가 있다고 주장한다. 또한 지배적인 성향이 강한 반려견이 사람, 특히 어린아이들에게 뛰어오르는 버릇을 막는 데 효과가 있다고 한다. 그러나 결론적으로 보면 이러한 방법은 단지 스프레이를 뿌린 물건을 씹거나 스프레이를 뿌린 사람에게 뛰어오르는 것만이 잘못된 버릇이라고 가르치는 셈이기 때문에 한계가 있다.

🐾 목줄이나 신발과 같이 반려견이 습관적으로 씹는 물건에 불쾌한 냄새가 나는 스프레이를 뿌려두면 이런 습관을 막을 수 있다. 그러나 이 방법에는 논란의 여지가 있다. 스프레이를 뿌리지 않은 물건은 씹지 않는다는 보장이 없기 때문이다.

### 🐾 개 진정 페로몬

페로몬은 동물들이 발산하는 화학물질이다. 페로몬은 대체로 같은 종의 동물들에 의해서 흡입이나 직접적인 접촉을 통해서 전달되며 태도를 변화시키거나 특정한 행동을 발달시킨다. 그래서 페로몬은 '사회적 향기'라고 불린다.

개 진정 페로몬(Dog-appeasing Pheromone, DAP)은 합성 페로몬으로 전기 플러그인 방향제나 스프레이를 통해 분사된다. 젖이 나오는 암컷의 유선을 둘러싼 피부에서 생성되는 자연 페로몬은 개에게 만족감을 유발하는데, DAP는 이를 모방해서 만들어졌다. 이런 제품을 사용하면 물건을 망가트리는 파괴적인 행동이나 끊임없이 짖고 집 안에 대소변을 보며 과도하게 핥아대는 등의 문제 행동을 상당히 줄여준다는 주장이 있다. 수의사는 각각의 상황에서 이를 사용하는 것이 효과가 있을지 여부와 결정적인 효과를 볼 수 있는 사용법을 조언해줄 것이다.

**습관 유지하기**

- 매번 명령에 따라 즉각적이고 올바르게 복종할 때마다 보상을 해주면 더욱 빠르게 학습할 수 있다.
- 일단 몸에 익힌 올바른 행동을 유지하려면 부정기적으로 더욱 높게 강화를 해주는 것이 가장 효과적이다.
- 반려견이 사람을 '공식적인 보호자'라고 인정하고 명령을 따를 때 가르친 행동이 더욱 잘 유지되는 경향이 있다.

## 지배와 복종

일부 외향적인 강아지들은 지배적인 성향이 강하며 떼를 쓰는 경향이 있다. 반면 내향적이고 겁이 많은 강아지도 있다. 외향적인 강아지들은 자라면서 종종 위협적인 행동을 하게 되는데 집을 지키는 목적으로 반려견을 키우는 경우라면 이 점은 대단히 큰 문젯거리다. 강아지가 이런 경향을 보인다면 다음에 소개하는 훈련을 일주일에 한두 번씩 실시하도록 한다. 더 이상 걱정할 필요가 없다고 판단되면 한 달에 두 번 정도로 줄인다.

반대로 너무 유순한 나머지 보호자가 화가 나 있거나 반려견의 행동 때문에 불쾌해하는 기색이 보이면 바닥에 발랑 누워 항복을 표시하거나 소변을 질금거리는 반려견도 있을 것이다. 개가 이런 신호를 보내는 경우 일관된 자세를 취하며 일부러 관심을 두지 말아야 한다. 또한 보호자가 무릎을 꿇거나 웅크린 자세를 취하고 어깨 위에 반려견의 앞다리를 잠깐 올려놓거나 몇 가지 특권을 줘서 자신감을 북돋워주는 것도 좋은 방법이다.

다음에 설명한 방법은 각별한 주의를 기울인다면 나이가 많은 반려견에게도 적용할 수 있다. 그러나 결과가 좋지 않을 경우에는 전문적인 도움을 구하는 것이 좋다.

- 반려견의 뒤에 서서 앞쪽으로 허리를 구부린다. 반려견의 앞

다리를 잡고 땅에서 들어 올린 자세를 30~45초 동안 유지한다. 반려견이 움직이지 않고 조용히 있으면 칭찬의 말을 해주고 조금이라도 버둥거리면 꾸짖는다.

- 반려견을 옆으로 눕히고 한 손으로 주둥이 부분을 잡아서 다물게 하고, 다른 손으로는 가슴을 강하게 누른다. 30~45초 동안 같은 자세를 유지한 뒤에 결과에 따라서 적절하게 말로 칭찬을 해주거나 야단을 친다.
- 기본 훈련을 다시 하거나 단계적으로 강화시킨다. 반려견이 기본적인 명령어에 재빠르게 반응하도록 꼼꼼하게 훈련시킨다. 조금의 망설이는 태도도 용납해서는 안 된다. 훈련에 잘 따르면 후하게 상을 준다.
- 마지막으로 반려견이 칭찬받을 행동을 하지 않으면서 어떤 식으로든 칭찬을 해달라고 조르면 무시한다. 매몰차게 등을 돌리고 말을 하지 않으며 같은 상황이 발생할 때마다 똑같이 행동한다. 이때 보호자가 일관된 자세를 유지하지 못하면 반려견은 자신이 칭찬으로 생각하는 관심을 다시 기울여줄 것이라는 기대를 품고 계속 이런 행동을 반복할 것이다.

🐾 반려동물이 너무 지배적인 성향을 가진 경우 이런 동작을 통해 당신이 보호자라는 사실을 인식시키고 유지할 수 있다. 그러나 반려견이 공격성을 보이면 즉각적으로 전문가의 도움을 구해야 한다.

## 반려견 훈련의 중요성

각자의 반려견이 보이는 태도에 따라서 이 책에 나온 내용을 올바르고 일관되게 적용하면 현재 반려견이 가진 나쁜 버릇을 없앨 수 있을 뿐만 아니라 미연에 방지할 수도 있다. 또한 반려견이 기본적인 명령어에 재빠르고 적절하게 반응하도록 훈련시키고, 특정한 요구에 맞는 습관도 들일 수 있다. 반려견은 이런 과정을 통해 가족을 비롯한 주변 사람들과 사회 전체에 융화되어 행복하고 만족스럽게 생활할 수 있는 모습으로 변신할 것이다.

❈ 훈련이 잘된 반려견은 함께 있는 것만으로도 사람을 유쾌하게 하고 모든 가족에게 즐거움과 기쁨을 주는 원천이 된다.

반려견이 가진 나쁜 습성을 참아줄 필요가 전혀 없다는 사실을 기억하자. 반려견에게 불만스러운 점이 있다면 당장 조치를 취해야 한다. 보고도 못 본 척 눈을 감아주거나 변명하려는 생각은 하지 말자. 이는 보호자뿐만 아니라 반려견의 행복과도 직결된 문제이다. 문제의 원인을 찾을 수 없거나 반려견이 여러분이 원하는 대로 행동하지 않을 경우에는 숙련된 사육사 혹은 수의사 등에게 전문적인 도움을 받도록 한다.

마지막으로 반드시 명심해야 할 사항이 있다. 사람들에게 공격적인 반응을 보이는 반려견의 버릇을 혼자서 고치려는 시도는 절대 금물이라는 것이다. 이는 사람의 목숨과도 결부될 수 있는 심각한 문제이므로 처음부터 반드시 전문적인 도움을 받아야 한다.

## 일반적인 문제 행동 해결법

성견이 된 반려견을 입양한다면 이미 안 좋은 버릇을 갖고 있을 가능성이 높다. 입양 후에 그것을 고치더라도 다시 나쁜 버릇이 생기기 십상이다. 이 두 가지 문제를 해결하려면 그 반려견이 생각하고 학습하는 방법을 파악해 거기에 맞춰야 한다. 반려견과 생활하는 사람들은 당연히 이런 문제를 스스로 해결할 줄 알아야 한다. 이를 위해 우선 다음에 나온 사항을 고려해보자. 각 단계마다 해당되는 질문에 성실하게 답하다 보면 반려견이 가진 문제의 원인과 분명한 해결책을 찾을 수 있을 것이다.

### ▶ 1단계

문제 상황을 주의 깊게 분석한다. 반려견의 잘못된 버릇이 정확히 무엇인가? 문제 행동이 규칙적으로 반복되거나 특정한 상황에서 나타나는가? 문제 행동이 얼마 동안 지속되었는가? 최근에 생활 패턴에 변화가 있었는가? 과거에 비해서 반려견이 혼자 있는 시간이 더 잦거나 길어졌는가? 취직이나 이직 등의 이유로 집에 있는 시간이 줄어들었는가? 최근에 갓난아이가 태어났거나 다른 반려동물을 들여오는 등 가족들의 일상생활에 변화가 있었는가?

### 2단계

자신을 비롯해 정기적으로 반려견과 접촉하는 사람들의 행동을 점검해본다. 혹시 반려견이 나쁜 행동을 하는데도 무심코 지나치거나 오히려 칭찬을 하지는 않는가? 대부분의 반려견은 혼을 내거나 단호하게 벌을 줄 때 보이는 관심조차 칭찬으로 받아들이는 경향이 있다는 것을 잊지 말자.

### 3단계

반려견이 과도한 애정을 받아 집에서 너무 큰 지배력을 행사하거나, 반대로 애정 결핍에 시달려서 억세진 것은 아닌지 생각해본다. 부당하게 야단을 치거나 간식과 애정을 필요 이상으로 베푸는 사람이 있는가? 수컷의 경우 짝짓기에 과도한 관심을 보이는가? 이미 이 문제를 교정하려는 훈련을 해봤지만 실패했는가? 그렇다면 그 훈련이 과연 상황에 맞는 것이었는가?

### 4단계

일단 원인이 분명해지면 이를 수정하고 반려견과 관련된 모든 사람들의 행동 규칙을 정해서 같은 상황이 다시 발생하지 않도록 노력한다.

### 5단계

문제의 원인을 찾아내지 못하거나 문제를 해결하기 위해 취한 조치 혹은 바꾼 행동이 효과가 없다면 되도록 빨리 전문가의 도움을 받는다. 수의사 및 숙련된 조련사가 문제를 해결해줄 것이다. 특히 반려견이 사람들에게 공격적인 행동을 보인다면 재빨리 전문가에게 도움을 요청해야 한다.

🐾 과도하게 짖어대는 등의 문제 행동을 참고 견디지 말자. 이런 문제들은 고치기 힘들어 보이지만, 상황을 개선시킬 방법은 얼마든지 있다.

## 잘못된 행동 예방법

반려견의 잘못된 행동을 예방하려면 지금까지 앞에서 설명한 내용의 중요성을 인정하고 제대로 이해하려는 자세가 필요하다. 특히 습관화/사회화 훈련과 기본 훈련 내용을 잘 파악하고 있어야 한다. 다음 사항을 명심하자.

- 시간을 할애해서 반려견이 가능한 한 다양한 상황과 소리, 사람들에게 익숙해지도록 훈련시킨다.
- 반려견이 어떤 상황에서라도 기본 명령어에 올바르게 즉시 반응하도록 훈련시킨다.
- 따로 시간을 내서 몇 가지 명령어에 잘 따르도록 연습을 시킨다. 이는 놀이가 아니라 학습이라는 점을 잊지 말아야 한다.
- 간식이나 칭찬과 같은 상은 반려견이 이를 받을 만한 행동을 했을 때에만 준다. 이유 없이 상을 주면 부작용을 유발하기 쉬우며 나쁜 습성을 더 악화시킨다.

반려견이 사회에 적응해서 편안하게 살게 하려면 앞에서 설명한 사항을 잘 따라야 하다. 충실한 반려견으로 훈련시키려면 사실 상당한 시간과 정성이 필요하지만, 보호자와 반려견 모두가 행복하고 큰 성취감을 느끼게 된다는 측면에서 노력할 가치가 있는 일이다.

이를 위해서 여러분과 가족들이 스스로 보호자로서의 입지를 확실히 굳혀야 한다. 이는 강력한 규칙을 정해서 모든 사람들이 지속적으로 따라야만 가능한 일이다. 여기에서 중요한 점은 어떤 상황에서도 반려견이 주도권을 잡고 우위에 서는 일이 발생해서는 안 된다는 것이다. 설사 아무리 어린아이더라도 반려견보다 서열이 높다는 점을 깨닫게 만들어야 한다. 특권, 간식, 상은 오직 이것들을 받을 가치가 있는 행동을 했을 때만 준다. 훈련을 할 때 최선책은 가족 중에 시간이 가장 여유롭고 열의가 높은 한 사람을 선정해서 책임 훈련사의 역할을 맡기는 것이다. 물론 훈련에 나서지 않는 다른 가족들도 한 몸처럼 모두 같은 태도로 반려견을 대해야 한다. 이처럼 훈련이란 반려견이 평생 겪어야 할 과정이지만 그렇다고 훈련만 반복되는 삶은 반려견을 불행하게 만들 뿐이다. 반려견이 신나고 행복한 삶을 즐길 수 있도록 해주는 것 또한 보호자의 중요한 임무이다.

문제 행동을 예방하는 데 크레이트(애견 철장)나 놀이장은 큰 도움이 된다. 이곳은 반려견에게 주의를 기울이지 못하는 동안, 특히 아주 어린 강아지들에게 매우 안전한 은신처다. 게다가 크레이트에 넣어둠으로써 반려견이 나쁜 행동을 할 기회를 사전에 차단할 수 있다. 나중에 행동수정을 위해 많은 시간과 정성을 들일 필요가 없어지니 일석이조인 셈이다. 그렇지만 강아지를 오랫동안 가둬두는 장소나 체벌의 수단으로 이용하는 것은 금지해야 한다.

- 크레이트는 철제이며 서류 가방 크기로 접을 수 있어서 이동할 때도 편리하다. 또한 조립도 빠르고 간편하다.
- 크레이트는 배변 훈련에 효과적이다. 강아지가 잘 때는 문을 닫아놓고, 잠에서 깨어 배변을 보려고 할 때는 열어서 밖으로 데리고 나간다.
- 크레이트는 이동이 쉽기 때문에 집 안 어느 방으로도 간편하게 옮길 수 있다. 또한 정원에 두거나 해치백 도어가 설치된 자동차에 둬도 괜찮다.
- 크레이트는 개를 그리 좋아하지 않는 친구를 만나러 갈 때 유용한 도구다. 또한 반려견이 아파서 보호와 휴식이 필요할 때도 사용할 수 있다.

제대로 훈련을 받은 반려견은 당신과 다른 가족이 자신의 보호자이며 주도권을 잡고 있다는 사실을 안다.

- 놀이장은 기본적으로 큰 크레이트라고 생각하면 된다. 어린이를 위한 놀이장과 마찬가지로 반려견이 밖을 내다볼 수 있을 뿐만 아니라 보호자도 반려견을 살필 수 있어 편리하고 안전한 은신처가 된다.

어린 강아지를 키우는 사람에게 크레이트란 바빠서 미처 관심을 기울이지 못하거나 배변 훈련을 시킬 때 잠시 반려견을 넣어둘 만한 이상적인 장소이다.

🐾 강아지를 훈련시킬 때 크레이트를 사용하면 도움이 된다. 하지만 처음으로 크레이트를 사용할 때는 반려견이 거부감을 일으키지 않도록 신중을 기해야 한다. 절대로 이곳을 이동식 감옥쯤으로 활용해선 안 된다. 강아지에게 크레이트는 편안한 안식처이지 비참한 유배지가 아니다.

## 유용한 조언

**YES** 자신의 상황에 알맞은 반려견을 고른다. 강아지를 고르거나 성견을 입양할 때 급하게 서두르거나 머리보다 마음이 앞서서는 안 된다.

**YES** 반려견의 주의를 끌 수 있고 모든 사람이 쉽게 부를 수 있는 짧은 이름을 지어준다.

**YES** 반려견이 드나들 수 있는 장소와 해서는 안 되는 행동에 대한 규칙을 정확하게 정해놓는다. 가족 모두가 이 규칙을 항상 지키도록 노력한다.

**YES** 반려견이 해선 안 될 행동은 강아지 때부터 못하게 해야 한다.

**YES** 조용한 장소에 편안한 잠자리를 마련해준다. 반려견의 공간을 지키고 존중해준다.

**YES** 반려견을 가족으로 맞이하면 곧바로 좋은 습관을 들이고 사회화 훈련을 하는 데 지속적으로 많은 노력을 기울여야 한다. 이를 통해서 일상적인 상황이나 자극적인 소리 및 사람들에 대한 본능적인 두려움을 없앤다.

**YES** 반려견이 정신적, 신체적으로 에너지를 발산할 수 있는 놀이를 한다. 그렇지만 터그 놀이와 같이 힘을 겨루는 놀이를 할 때는 주의한다. 특히 경비견인 경우는 더욱 조심해야 한다. 항상 보호자가 모든 놀이에서 이겨야 한다. 질 것 같은 상황에서는 잠시 멈추거나 규칙을 바꾼다.

**YES** 처음으로 반려견을 맞이할 때나 반려견이 너무 드센 경향을 보일 때는 지배/복종 훈련을 실시하여 보호자로서의 지위를 강화시킨다. 첫 일주일 동안은 하루에 두 번씩 하고, 그다음 한 주 동안은 하루에 한 번으로 줄인다. 이후 필요할 때마다 일주일 혹은 한 달에 한 번씩 이 훈련을 해서 지위를 강화시킨다.

**YES** 반려견이 등을 대고 누워 배를 보이거나 소변을 흘리는 등 너무 순종적인 경향을 보이면 몇 가지 특권을 준다. 그러나 너무 과하지 않도록 주의한다.

**YES** 명령어와 함께 수신호를 사용하되 이를 혼동해서 쓰지 않도록 조심한다. 부드럽게 손뼉을 치거나 이름을 불러서 반려견이 보호자에게 주의를 집중하도록 가르친다.

**NO** 반려견을 불렀을 때 늦게 왔다고 해서 소리를 지르거나 벌을 주면 절대 안 된다.

**YES** 반려견을 혼자 두고 외출할 때는 라디오를 켜는 등 보통 외출하기 전에 항상 반복하는 일련의 절차를 거쳐 보호자가 나갔다 다시 돌아올 것이라는 힌트를 준다.

**NO** 아무리 행실이 바른 반려견이라도 어린아이와 단둘이 차에 남겨둬서는 안 된다. 또한 반려견에게 목줄을 채운 채로 차에 둬서도 안 된다. 잘못하면 줄이 브레이크나 기어에 걸려서 불상사가 생길 수도 있다.

**YES** 반려견이 물거나 심하게 짖거나 사람들 위에 올라타거나 말을 듣지 않는 일 없이 항상 점잖게 행동하도록 가르친다.

**YES** 정기적으로 운동을 시키되 산책 경로를 다양하게 선택한다. 또한 산책을 하는 동안에는 훈련을 시키지 않는다. 반려견에게 산책은 즐거운 놀이일 뿐이다.

**YES** 반려견이 잘못을 저지를 수 있는 상황은 미리 피하는 것이 상책이다. 위협적인 다른 개가 다가오면 차라리 반대편 길로 건너가자.

**YES** 반려견이 자신의 밥그릇에 담긴 먹이만 먹도록 하고 밥그릇에 집착하는 행동은 금지시킨다. 또한 사람들이 식사하면서 먹던 음식을 주는 일도 절대 해서는 안 된다.

**NO** 씹는 장난감을 두세 개 이상씩 주면 안 된다. 또한 씹는 물건으로 낡은 신발이나 옷 등을 사용해서는 안 된다. 길이 15~20cm에 두께 7.5~10cm 정도로 잘라 껍질을 벗긴 단단한 통나무가 가장 이상적이다.

**NO** 반려견이 먼저 문으로 들어가거나 계단 꼭대기에 누워 있게 하면 안 된다. 가는 길을 막고 누워 있더라도 반려견을 피해서 넘어가거나 돌아가지 말고 비키라고 명령한다. 당신이 보호자라는 사실을 늘 명심한다.

**YES** 반려견이 보호자를 기쁘게 하기 위해 자발적으로 순종하게 만든다. 사실 개는 규칙과 자신의 서열을 분명히 알 때 더욱 만족스러워한다.

앞서 말한 조언들이 조금은 힘들고 복잡하게 여겨질 것이다. 그러나 노력한 대가로 얻는 결과는 아주 만족스러울 것이다. 당신의 반려견을 본 사람마다 "정말 멋진 아이네요. 행동도 얌전하고요. 우리 아이도 저러면 좋을 텐데."라고 말한다면 얼마나 자랑스러울지 상상해보자.

반려견은 자기만의 안락한 잠자리가 필요하다. 물론 그렇다고 너무 과한 잠자리를 마련해줄 필요는 없다.

## 주변에 도움 청하기

반려견이 보이는 행동상의 문제에 어떻게 대응해야 할지 확신이 없다면 주변의 조언을 구해야 한다. 다음과 같은 사람들에게 도움을 받을 수 있다.

- 혈통 있는 반려견을 분양한 브리더
- 수의사
- 자격 있는 반려견 문제 행동 전문가

항상 나쁜 버릇을 예방하겠다는 목표를 가지는 게 우려하는 만큼 그리 큰 스트레스를 주지는 않는다. 물론 전문가들에게 아주 다양한 도움을 받을 수는 있겠지만 반려견을 바르게 키우는 것은 전적으로 보호자가 쏟아부은 노력과 인내심에 달려 있다는 점을 명심하자.

🐾 게임을 하면서 놀다 보면 건강한 몸을 유지할 수 있고 정신적으로도 자극이 된다. 가장 중요한 점은 보호자 역시 이 과정에서 즐거움을 느낀다는 점이다. 바로 이 맛에 반려견을 키우는 것이다.

그렇지만 공격성을 보이는 등 심각한 경우에는 집에서 성공적으로 훈련하기가 매우 어렵고 좋지 않은 결과가 생길 수도 있다. 더욱 비용이 많이 드는 상담이나 진찰을 받을 수도 있다는 점을 염두에 둔다.

# 우리 강아지, 이럴 땐 어쩌죠?

# Q&A

| 001~024 |

반려견의 문제 행동과 원인

# 너무 심하게 짖어대요

이런 버릇은 가족을 대단히 짜증스럽게 하며 얼마 지나지 않아서 이웃과도 갈등을 겪게 되기 십상이다. 반려견이 경고의 의미로 짧게 짖는 경우야 상관없지만 계속해서 심하게 짖어댄다면 귀찮을 뿐만 아니라 생활하는 데도 큰 지장을 주게 된다.

**이렇게 해봐요**

반려견이 짖는다고 해서 흥분한 목소리로 '저게 뭐지?' '무슨 소리지?' 같은 말을 하면 절대 안 된다. 이런 행동은 짖는 행동을 더욱 부추기는 결과를 가져온다. 반려견이 짖더라도 관심을 보이지 말고, 쓰다듬는 것과 같이 반려견이 칭찬으로 받아들일 만한 신체적인 접촉도 일절 하지 않는다.

또한 반려견을 너무 자주 혹은 오랫동안 혼자 두지 않도록 주의한다. 반려견을 혼자 둘 때는 라디오를 켜놓는다. 여러분이 있는 자리에서 반려견이 계속 심하게 짖으면 엄격한 목소리로 "엎드려"라고 명령하고 "조용히 해"라고 말한다. 말을 잘 들으면 즉시 칭찬을 해주거나 간식을 준다. 이를 통해서 조용히 엎드려 있으면 상을 받지만 짖으면 야단을 맞는다는 사실을 인식시키는 것이다. 그리고 엎드린 자세에서는 짖기도 어렵다.

# 자꾸 손이나 발목을 깨물어요

이런 행동은 웰시코기처럼 가축을 돌보는 품종에서 고유하게 나타나는 특성이다. 사람들에게 직접적인 해를 끼치기 전에 버릇을 빨리 고치는 것이 좋다.

### 이렇게 해봐요

반려견이 사람을 물면 즉시 "안 돼"라고 분명하게 말하고, 필요한 경우에는 가벼운 체벌을 내린 뒤 따로 가둬두고 관심을 주지 않는다. 이런 버릇은 반드시 단번에 없애야 한다. 기본 훈련을 다시 하고, 지배/복종 훈련을 실시해 반려견이 당신보다 서열이 낮으며 보호자의 말을 잘 따라야 한다는 사실을 인식하게 만든다.

# 가족들이 아끼는 물건을 씹어대요

강아지들은 가까운 곳에 있는 물건을 씹으면서 주변 환경을 익혀가는 경향이 있다. 이런 행동이 지속되면 중요한 물건에 심각한 손상을 입힐 수 있으므로 적절한 방법으로 고쳐주어야 한다.

**이렇게 해봐요**

애견 전용 장난감이나 가죽 줄과 같이 강아지가 마음껏 씹을 수 있는 물건을 준다. 다른 것을 씹으면 "앉아"와 같은 명령어로 즉시 이를 막고, 잘 따르면 칭찬하거나 간식을 준다. 또한 반려견이 씹어놓은 물건 대신 씹어도 될 만한 물건으로 바꿔준다. 반려견이 자주 씹는 물건을 눈에 띄지 않는 곳에 치우고 다시는 같은 행동을 반복하지 않도록 해야 한다.

한편 장난감으로 낡은 신발 등을 주는 것은 옳지 않다. 반려견은 낡은 것과 새 것을 구별하지 못하기 때문에 일단 신발을 씹는 버릇을 들이면 새 신발마저 망쳐놓기 마련이다. 이런 버릇은 '마법의 체벌'을 활용하면 쉽게 고칠 수 있다. 반려견이 그 행동을 할 만한 상황을 만들어 놓고 몰래 숨어서 지켜보고 있다가 나쁜 행동을 하는 시점에 물건을 던져서 관심을 분산시키는 것이다.

# 사람들을 공격해요

반려견에게 공격적인 성향이 나타나면 누군가가 심각한 부상을 당하기 전에 신속하게 조치를 취해서 버릇을 고쳐놓아야 한다.

**이렇게 해봐요**

집에서도 공격적인 행동을 멈추게 할 수 있지만 전문적인 도움을 구하는 것이 좋다. 여기서 중요한 점은 근본적인 원인을 확실하게 제거하는 것이다. 이런 버릇은 반려견이 아프거나 무언가에 두려움을 느끼는 경우, 혹은 사람보다 서열이 높다고 착각하거나 경계심이 지나친 경우에 나타난다. 이처럼 사람을 공격하는 버릇을 고치지 못한 반려견과는 안심하고 생활할 수 없다. 특히 집이나 이웃에 어린아이가 있는 경우에는 더 각별한 주의를 기울여야 하며, 최악의 경우에는 반려견을 안락사시킬 각오까지 해야 한다. 이런 반려견은 다른 집에 입양되더라도 결국 똑같은 문제를 일으키기 때문이다.

# 성욕 과잉 증상을 보여요

다음 표에 나온 행동은 성욕 과잉 증상을 보이는 개에게 중성화 수술을 했을 경우 기대되는 효과이다.

| 문제 행동 | 중성화 수술 효과 |
| --- | --- |
| 공격성 | 60%(수컷 사이에서), 0%(기타 경우) |
| 물건이나 사람에게 올라타기 | 70% |
| 집 주변에 영역 표시하기 | 50% |
| 배회하기 | 90~100% |
| 파괴적인 행동 | 아주 다양함 |
| 흥분 | 아주 다양함 |

**이렇게 해봐요**

무심코라도 문제 행동을 조장하지 않도록 주의한다. 우선 반려견이 항상 충분히 운동할 수 있도록 한다. 혹시 이런 행동을 보이면 반려견을 유혹할 만한 물건이나 기회를 제거하고, 마음대로 밖에 나갈 수 없도록 집 주변에 울타리를 쳐놓는다. 또한 육체적, 정신적으로 활발하게 활동하면서 에너지를 발산할 수 있는 기회를 충분히 마련해준다. 만약 증상이 심해지면 수의사와 상담하는 것이 좋다. 반려견이 아직 어리다면 보호자의 말에 복종하는 훈련을 강화하는 방법이 효과를 발휘할 수 있다.

문제 행동을 조금이라도 보이면 단호하게 "안 돼"라고 명령하고, 말을 잘 들었을 때 주는 장난감 등을 내밀며 "앉아"라고 명령한다. 이를 통해서 반려견은 자신이 칭찬받지 못할 행동을 했다는 사실을 스스로 깨닫게 될 것이다. 그러나 반려견의 나이가 많다면 약물 사용이나 중성화 수술과 함께 다른 치료를 병행하는 것이 좋다.

🐾 인형 등의 물건에 올라타는 행동은 성욕 과잉 증상이다.

# 같이 사는 다른 반려견을 질투해요

특히 같은 성의 반려견 두 마리를 같이 기르는 경우 자주 발생하는 문제이다. 이 때문에 수의사들은 한집에서 반려동물을 한 마리 이상 기르는 것을 추천하지 않는다. 자칫 잘못하면 반려견들끼리 서로 상처를 입히는 것은 물론이고, 싸우는 반려견들을 떼어놓으려다가 사람까지 다치는 일도 빈번하다.

**이렇게 해봐요**

반려견 두 마리 모두에게 보호자로서의 위상을 더욱 강화시킨다. 또한 서열이 낮은 반려견이 지배력이 더 강한 반려견에게 복종하는 분위기를 조장해서 스스로 만족스럽고 편안하게 느끼도록 만들어준다. 항상 서열이 높은 반려견에게 먼저 먹이를 주고 더 관심을 기울이며 아껴줘야 한다.

싸움이 일어날 것 같으면 두 마리 모두에게 "앉아"라고 명령한 뒤에 즉각적으로 복종한 반려견에게 먼저 상을 준다. 물건 또는 훈련용 원판을 던지거나 물총을 사용하여 반려견의 주의를 돌리는 체벌을 이용하는 것도 고려해본다.

# 사람한테 뛰어올라요

반려견이 젖은 채로 혹은 발에 진흙을 묻힌 채로 뛰어오르면 옷이 더러워지거나 기분이 나빠질 수 있다. 인내심을 가지고 다음의 방법에 따라 노력한다면 이런 버릇도 고쳐줄 수 있다.

### 이렇게 해봐요

이런 버릇은 처음부터 근절해야 한다. 반려견이 뛰어오르면 재빨리 팔짱을 끼고 돌아서서 무시해버린다. 또한 이런 행동을 하려는 조짐이 보이면 즉시 "앉아"라고 말하고 잘 따르면 보상을 해준다. 일관된 자세로 이런 과정을 되풀이하면 반려견은 곧 조용히 앉아 있을 때만 관심과 애정을 받는다는 사실을 배우게 된다.

집에 오는 손님에게는 가능하면 뛰어오를 기회를 아예 주지 말라고 미리 일러둔다. 무엇보다도 어떤 식으로든 반려견을 만지면 안 된다. 반려견이 손님에게 뛰어오르려는 것처럼 보이면 '마법의 체벌'을 사용하거나 반려견 뒤에서 훈련용 원판 혹은 구슬이 들어간 깡통을 던져서 주의를 분산시킨다. "앉아"와 같은 명령을 하고 알맞은 반응을 보이면 바로 보상을 해준다.

단, "엎드려"라는 명령어는 뛰지 말라는 뜻이 아니라 바닥에 배를 대고 누우라는 뜻이라는 점을 각인시키고, 이 둘을 혼용해서 사용하지 않는다. 손님이 자동차를 타고 온 경우에는 바로 차에서 내리면 반려견이 뛰어오를 수 있는 기회를 주는 셈이니 아예 차 안에 앉은 채로 반려견에게 인사를 하는 것도 버릇을 고치는 데 도움이 된다.

# 자전거 탄 사람을 쫓아다녀요

이런 경우 반려견에게 쫓기는 사람이나 동물은 아주 위험한 상황에 처하게 된다. 따라서 하루라도 빨리 이 버릇을 고치기 위해서 시간과 노력을 기울여야 한다.

**이렇게 해봐요**

가능하면 많은 시간을 기본 복종 훈련에 투자한다. 2주간 매일 두 번씩 5분에 걸쳐 훈련을 하면 높은 효과를 볼 수 있다. 이후에는 하루에 한 번씩 2주 이상 훈련을 실시하고, 더 지난 후에는 일주일 이상 간격을 두고 한 번씩 훈련을 한다. 반려견이 정확하고 재빠르게 반응을 보이도록 해야 한다.

먼저 '이리 와'와 '안 돼' 명령어를 훈련시키는 데 집중한다. 이와 함께 지배/복종 훈련도 병행한다. 사람이나 동물을 쫓아가려는 기미가 보이면 콩 주머니 또는 훈련용 원판을 던지거나 물총을 쏴서 주의를 분산시킨다.

    또한 상황 설정을 미리 해놓고 벌을 주는 '마법의 체벌'을 추천한다. 이 훈련은 특히 자전거를 탄 사람이나 자신의 옆을 지나 뛰어가는 동물을 쫓아가는 버릇에 매우 효과적이다. 일단 자전거를 타고 가다가 반려견이 쫓아오기 시작하면 즉시 멈춰서 야단을 친다. 가능하면 물총이나 이와 유사한 도구를 사용하는 것이 좋다. 이렇게 되면 개는 쫓아가던 목표물이 없어져서 더 이상 이 '놀이'에 흥미를 느끼지 못한다.

 물총으로 재빨리 물을 쏘면 반려견의 흥분은 금방 가라앉는다. 이와 같이 갑작스러운 충격은 사람이나 동물을 쫓는 행동을 중단하는 데 높은 효과를 발휘한다.

# 지나치게 순종적이에요

반려견이 무의식적으로 소변을 질금거리며 배를 드러내고 발랑 눕는 등 지나치게 순종적인 태도를 취한다면 보호자로서 민망해질 수 있을 것이다. 이는 분명히 잘못된 버릇이므로 고쳐줄 필요가 있다.

**이렇게 해봐요**

이와 같은 행동을 하는 반려견에게는 특권을 조금 더 많이 베풀어주거나 대장 노릇을 하도록 배려해서 자신감을 심어주어야 한다.

# 다른 개들에게 너무 공격적이에요

반려견이 길거리에서 만난 개를 위협하기 시작하면 얼마 지나지 않아 온 동네에 악명이 퍼진다. 보호자로서는 참으로 걱정스럽고 창피한 상황이다. 그렇더라도 반려견을 위한답시고 변명을 하며 감싸주면 안 된다. 자신의 반려견에게 문제가 있다는 점을 인정하고, 이를 해결하기 위한 방안을 모색해야 한다.

### 이렇게 해봐요

일단 우호적인 개들을 제외하고는 다른 개들과 만날 기회를 차단한다. 그 뒤에 점차 관계를 넓히면서 다양한 종류의 개들에게 익숙해지도록 한다. 이때 실패하지 않도록 천천히 진행하는 것이 좋다. 만약 도중에 실패했다면 첫 단계로 돌아가서 다시 시작한다.

산책을 할 때 멀리서 다가오는 개가 보이면 가능한 한 빨리 길 반대편으로 가면서 "저리 가"라고 명령한 뒤 적절한 수신호와 함께 "앉아",

"기다려"라고 말한다. 반려견이 당신을 응시하게 해서 주변으로 주의가 분산되는 것을 막고, 다른 개가 지나갈 때까지 조용히 있으면 상을 준다. 고집스러운 수컷의 경우 약물 요법을 사용하거나 중성화 수술을 해주면 효과가 있다. 이 경우에는 수의사에게 조언을 구한다.

❖ 다른 개들에게 공격적인 성향을 보이는 것은 심각한 문제이다. 이런 행동을 고치지 않고 내버려두면 절대 안 된다.

## 말을 안 듣고 불러도 오지 않아요

이것은 보호자에게 상당히 당혹스러운 버릇이다. 가능한 한 빨리 버릇을 고치는 것이 좋다.

**이렇게 해봐요**

보호자로서 위상을 강화하고 기본 명령어 훈련을 다시 시킨다. 특히 '이리 와'라는 명령어에 잘 따르도록 훈련해서 여러분이 보호자라는 점을 철저하게 인식시킨다. 칭찬과 맛있는 간식을 후하게 주면서 즉시 명령어에 맞는 올바른 반응을 보이도록 유도한다.

반려견을 부르기 전에 단호하게 손뼉을 쳐서 주의를 끄는 것이 효과적이다. 손뼉을 치면 반려견이 멀리서도 소리를 듣고 손의 움직임을 볼 수 있기 때문이다. 이때는 '안 돼'라는 명령어를 가르칠 때보다 조금 약하게 손뼉을 친다. 곧 손뼉 소리가 '지금 바로 보호자한테 가면 상을 받을 거야'라는 의미라는 것을 익히게 될 것이다.

# 차멀미로 힘들어해요

반려견이 차로 이동할 때마다 멀미를 하는 것은 보호자에게 큰 골칫거리다. 매번 차를 청소해야 하는 불편함은 물론이고 동승한 사람들 사이에 분란을 일으키거나 심지어 교통사고의 원인이 될 수도 있기 때문이다.

### 이렇게 해봐요

실제로 심하게 멀미를 하는 반려견이 종종 있으며 이런 경우에는 수의사에게서 적당한 약을 처방받아야 한다. 일부 자동차는 개의 멀미를 더욱 심하게 만들기도 하므로 병원을 찾기 전에 먼저 차를 점검해보는 것이 좋다.

하지만 대부분 차멀미는 과거의 불쾌한 경험에서 유발된 불안 증상 때문에 생겨난다. 이런 경우에는 반려견이 차에 익숙해질 수 있도록 차를 집 앞에 세워둘 때 자유롭게 드나들 수 있도록 한다. 이때 뒷좌석에 반려견이 사용할 수 있는 편안한 쿠션을 넣어두면 더욱 좋다. 그래서 차를 편안하게 받아들이게 되면 반려견이 피곤해할 때 차에 태워 동네를 잠시 돌아본다. 그리고 반려견이 익숙해지면 점차 주행거리를 늘린다. 반려견이 침을 흘리거나 낑낑거리면 완전히 무시하되, 다음에는 주행거리를 줄이고 처음부터 훈련을 다시 시작한다.

🐾 차멀미는 자동차 안에 있다는 사실 때문에 생기는 불안 증상인 경우가 많다. 반려견이 차를 편안하고 위험이 없는 안식처로 받아들이게 만들어야 한다.

반려견이 처음으로 차를 타고 장거리 여행을 할 때는 즐거움을 느낄 수 있도록 신경을 쓰고, 여행이 끝나갈 무렵에는 반려견이 좋아하는 장소에 내려서 산책을 시킨다. 반려견이 차를 제2의 집으로 여기게 만드는 것이 가장 이상적이다. 예를 들어 개를 좋아하지 않는 손님이 집에 방문했을 경우에 차는 반려견을 안전하고 편안하게 둘 수 있는 장소가 되어야 한다.

마지막으로 두 가지 주의할 점이 있다. 먼저, 보호자가 없는 상황에서 절대 반려견을 어린아이와 함께 차에 두어서는 안 된다. 아무리 공격적이지 않은 반려견이더라도 누군가가 자신의 영역을 침범해서 해치려 한다고 느낀다면, 그것이 같은 집에 사는 어린아이일지라도 침착함을 잃고 앞뒤로 왔다 갔다 하다가 둘 다 다칠 수 있기 때문이다. 둘째, 절대 반려견이 머리를 유리창 밖으로 내민 상태에서 운전을 하지 않는다. 이는 굉장히 위험한 행동이며 반려견이 눈을 다칠 수도 있다.

# 배설물을 먹어요

배설물을 먹는 증상은 불쾌하고 당황스러운 버릇이다. 일부 개는 이런 습성을 타고나는 것으로 보인다. 실제로 많은 보호자들이 바로 이 버릇 때문에 반려견에게 화를 내고 소리를 지른다. 이는 계속 반복하면 소화 작용에 문제를 일으킬 수 있는 나쁜 버릇이므로 중단시켜야 한다.

**이렇게 해봐요**

정원에 떨어진 배설물을 즉시 치워서 유혹 요건을 미리 제거한다. 야외를 산책할 때는 반려견의 행동을 주의 깊게 관찰한다. 반려견이 다른 동물의 배설물을 쳐다보기만 해도 바로 "저리 가"라고 명령한다. 그리고 "이리 와"라고 부른 뒤에 "앉아"라고 명령하고 정확하게 반응하면 상을 준다.

콩 주머니 등 적당한 도구를 항상 가지고 다니면서 반려견이 멀리 떨어진 곳에서 배설물을 먹으려고 하는 모습이 포착된 순간에 콩 주머니를 던지며 "안 돼"라고 소리친다. 반려견은 곧 그러한 행동을 하는 것이 아무 가치가 없다는 사실을 깨닫게 될 것이다. 그다음부터는 야외에 나가자마자 반려견에게 경고의 뜻이 담긴 몸짓을 병행하며 "그것을 먹을 생각도 하지 마"라고 말하는 것만으로도 효과가 있을 것이다.

배설물을 먹는 버릇은 아주 불쾌하게 느껴진다. 게다가 위장 장애를 일으키는 요인이기도 하다.

# 너무 지배적이에요

과도하게 지배적인 행동을 하는 반려견을 방치하면 사람을 공격하거나 물건을 망가트리는 버릇으로 발전하기 쉽다. 따라서 이런 습성을 고쳐서 다시 발생하지 않도록 막을 수 있는 즉각적인 해결책이 뒤따라야 한다.

### 이렇게 해봐요

보호자로서 위상을 높이는 기본 훈련을 강화한다. 올바른 행동을 했을 때만 그에 맞는 혜택을 받는다는 사실을 각인시킨다. 직접적인 체벌을 사용할 때는 아주 조심해야 한다. 정반대의 결과가 생길 위험이 있으므로 섣불리 체벌을 가하기보다는 차라리 무시하는 편이 낫다.

반려견과 게임을 할 때는 보호자가 항상 이겨야 한다는 점을 명심한다. 힘을 겨루는 터그 놀이 등을 하는 것은 절대 금지다. 자칫 잘못하면 이런 게임이 보호자를 지배하려는 반려견의 행위를 부추기거나 공격적인 행동이 아무런 제약 없이 나타날 수 있기 때문이다.

# 혼자 남겨지면 불안해하고 물건을 망가트려요

아무 걱정 없이 반려견을 집이나 차에 혼자 둘 수 있도록 훈련시키는 것은 아주 중요하다. 보호자는 반려견이 물건을 망가트리거나 도망치려고 발악하지 않고 얌전히 앉아서 기다릴 것이라고 확신할 수 있어야 오랫동안 함께 생활할 수 있다. 슬프게도 반려견을 보호소에 보내거나 안락사 시키게 되는 가장 주요한 원인은 바로 분리불안으로 일어난 파괴적인 행동 때문이다.

#### 이렇게 해봐요

- 어린 강아지를 입양한 경우, 생후 12~14주가 되면 혼자 남는 데 익숙해지도록 훈련을 시작한다. 나이가 많은 반려견을 입양했다면 집에 데려온 뒤 1~2주 안에 이 훈련을 시작한다.
- 반려견이 집이나 쿠션 위 혹은 자동차 뒷좌석에 있는 자신의 잠자리

를 편안하게 느끼는지 확인한다. 집에서 크레이트를 사용하고 있다면 이 안에 잠자리를 놔주는 것도 좋다.
- 반려견이 피곤하거나 배가 부른 상태인지 확인한다. 그래야 쉽게 잠에 빠진다. 또한 보호자가 외출하기 직전에 배변을 보게 한다.
- 반려견을 혼자 두고 외출하기 전에 항상 일정한 절차를 거친다. 예를 들어 라디오를 조용하게 틀어놓거나 잔잔한 조명을 켜놓거나 반려견이 좋아하는 장난감을 줄 수도 있다. 다만 이 장난감은 항상 이 목적으로만 사용해야 한다는 점을 명심한다. 이러한 행동은 보호자가 외출을 할 작정이며 언제인지는 모르지만 결국은 집에 돌아올 것이라는 사실을 반려견에게 알려주는 신호 역할을 한다.
- 반려견에게 물을 충분히 주고 환기가 잘 되는지 확인하며 실내 온도가 너무 낮거나 높지 않게 조절한다.
- 집을 나설 때 "착하지", "너무 늦지 않을게" 같은 말을 평상시의 어조로 해주고 빠르게 쓰다듬어준다. 물론 반려견은 이 말의 뜻을 이해하지 못하지만 얼마 지나지 않아서 보호자의 말투를 인식하고 곧 외출했다가 돌아올 것이라는 사실을 이해하게 된다. 단, 외출하기 전에 하

🐾 외출하기 전에 반려견을 익숙한 잠자리에 데려다 놓는다. 반려견은 안전하고 편안하다고 느끼면 혼자 남겨지더라도 기분 좋게 지낼 수 있다.

는 말과 행동은 되도록 항상 일정해야 한다. 이 훈련에서는 일관된 자세가 매우 중요하다. 외출하기 전에 약간의 간식을 주는 것도 괜찮다.

- 처음 훈련을 시작할 때는 약 5분 정도, 아주 잠깐 동안만 반려견을 혼자 둔다. 반려견이 보호자가 외출할 것이라는 신호, 이를테면 라디오를 켜놓는 등의 특정한 절차와 말 등을 인식하도록 한다. 이때는 너무 멀리 가지 말고 반려견의 눈에 띄지 않는 곳으로 이동하되 소리가 들릴 정도의 거리를 유지한다. 돌아올 때까지 아무 문제를 일으키지 않고 보호자가 안 보여도 짖거나 낑낑거리지 않는다면 반려견이 가장 좋아하는 간식을 상으로 주고 칭찬의 말을 충분히 해준다.

- 이후 2주 동안 이러한 시간을 매번 5분에서 15분까지 점차 늘려서 마지막에는 총 두 시간 정도를 혼자 둔다. 여기에서 아주 중요한 점은 반려견의 눈에는 띄지 않지만 소리가 들릴 정도의 거리에서 기다리다가 반려견이 짖거나 낑낑거리거나 너무 격한 반응을 보이면 바로 돌아가는 것이다. 그러나 반려견의 행동을 무시하고 진정만 시킨 뒤에 다시 처음부터 정해진 과정을 되풀이한다. 다만 이때는 혼자 두는 시간을 조금 줄이고 다음부터 다시 떨어져 있는 시간을 점차 늘린다.

- 앞에서 서술한 단계에 따라서 날마다 떨어져 있는 훈련이 3~4일 이상 잘 이루어졌다면, 이후 일주일에 적어도 1시간 정도는 반려견을 혼자 두고도 안심할 수 있다. 그러나 기대치를 너무 높게 설정하면

훈련 과정에서 너무 서두르게 될 수 있으니 주의한다. 다른 개보다 배우는 속도가 느린 개도 있다는 점을 명심한다.

🐾 분리불안 때문에 물건을 망가트리는 행동은 반려견과 보호자의 관계를 악화시킨다.

## 자꾸 목줄을 당겨요

반려견이 자꾸 목줄을 당기는 것만큼 피곤한 일도 없다. 물론 이런 버릇은 참을 필요가 없다. 그러나 대부분의 보호자들이 하는 것처럼 목줄을 잡아당기고 나서 명령을 내리는 방법은 효과가 없다. 정작 반려견은 보호자가 대체 무엇 때문에 이런 행동을 하는지 전혀 이해하지 못하기 때문이다.

### 이렇게 해봐요

오른손으로 목줄을 느슨하게 잡고 반려견이 당신의 왼쪽에 바짝 붙어서 걷도록 훈련을 시킨다. 훈련을 하는 동안 계속 방향을 바꾸며 걷는다. 이렇게 하면 반려견은 다음에 어느 방향으로 갈지 모르기 때문에 목줄을 당기며 앞장설 수가 없다. 먼저 "따라와"라고 명령한 뒤에 이 명령어에 따를 시간을 주고 난 다음, 필요한 경우 목줄을 부드럽게 당긴다. "따라와"라고 말할 때 왼손으로 당신의 허벅지를 가볍게 두드리면 좋은 버릇을 들이고 명령의 효과를 높이는 데 도움이 된다. 시간이 지나면 매번 "따라와"라고 말을 하지 않더라도 허벅지를 두드리는 소리와 몸짓으로 같은 효과를 볼 수 있다.

훈련 효과가 없다면 얼굴에 씌우는 줄을 사용하는 것도 좋다. 이 방법은 고집스럽게 목줄을 당기는 반려견을 통제하는 데 좀 더 도움이 된다. 그러나 이 방법도 효과가 없을 경우 애견 훈련 강좌에 참여하거나 경험이 많은 동물행동 심리학자에게 전문적인 도움을 받는 것이 좋다.

# 다른 사람들을 겁내요

반려견이 너무 잘 놀라고 겁이 많으면 보호자는 당황스러워서 어떻게 해야 할지 감을 잡지 못한다. 이런 개는 버릇이 잘 든 반려견만큼 환영받지 못한다.

### 이렇게 해봐요

반려견이 겁을 낼 것 같은 상황에서는 '앉아'라는 명령어에 따르면 칭찬을 받는다는 사실을 가르친다. 명령어에 올바르게 반응했을 때는 아낌없이 상을 준다. 겁이 많은 반려견에게는 절대로 벌을 주면 안 된다. 차라리 그런 행동을 무시하고 몇 가지 특권을 줘서 자신감을 형성하도록 하는 편이 좋다. 또한 다른 사람들이 반려견을 너무 강압적으로 대하지 않도록 주의한다. 반려견이 자신의 의사에 따라 행동하도록 배려하는 것이 중요하다. 무엇보다도 주변 사람들에게 반려견에게 조용히 다가서고 갑자기 과격한 몸짓을 취하지 않도록 주의를 준다.

# 사람의 손을 심하게 핥아대요

어떤 사람들은 개가 이런 행동을 하는 것을 좋아하지만 어떤 사람들은 그 반대이다. 따라서 반려견에게 이러한 행동은 옳지 않으며 아무런 상을 받지 못한다는 점을 가르치는 것이 좋다.

**이렇게 해봐요**

반려견이 손을 핥더라도 가족이나 손님이 이런 행동을 무시하거나 아예 처음부터 이렇게 행동할 기회를 주지 않아야 한다. 대부분 이러한 행동은 과도한 복종의 표시이다. 반려견에게 특권을 좀 더 많이 주거나 대장 역할을 하도록 하여 자신감을 키워준다.

## 자꾸 음식이나 관심을 구걸해요

구걸하는 버릇은 절대로 용납되지 않는다는 것을 반려견에게 가르쳐야 한다. 집에 찾아온 손님이 아주 가끔 이런 버릇을 받아주더라도 반려견은 이를 이용하는 습관이 생겨서 시간이 지날수록 난처한 상황이 많아질 것이다.

### 이렇게 해봐요

처음부터 이런 버릇을 단절하는 것이 좋다. 어떤 식으로든 반려견과 접하는 모든 사람들이 이런 행동을 무시하도록 규칙을 정하고, 절대로 이유 없이 간식을 주어서는 안 된다는 점을 알린다. 훈련이 잘된 개라면 어떤 경우라도 구걸하는 행동을 해서는 안 된다.

🐾 개들은 사람의 감정을 조절하는 데 아주 능하다. 반려견이 서글픈 눈으로 간청하는 표정을 지어도 엄격해져야 한다. 이유 없이 음식이나 간식을 주기 시작하면 금방 안 좋은 버릇이 생길 것이다.

## 음식에 집착해요

야생동물이 으레 그렇듯 개가 음식에 집착하는 것 또한 자연스러운 습성이다. 그러나 이러한 행동은 가정, 특히 어린아이들이 있는 집에서 생활하는 반려견에게는 절대 허용하면 안 된다. 이런 버릇이 있는 반려견은 결국 가족에게 심각한 상처를 입히거나 다른 부분에서 과도하게 지배적인 성향을 보이기 쉽기 때문이다. 따라서 보호자는 음식이나 장난감을 제공하는 것과 동시에 그것을 없앨 권리도 가진 존재라는 점을 인식시켜야 한다.

### 이렇게 해봐요

- 체벌로 반려견에게 보복이나 위협을 해서는 안 된다. 이 과정에서 반려견에게 밀리기라도 하면 상황은 더욱 악화된다.
- 반려견이 덜 좋아하는 먹이를 주는 것으로 행동교정 훈련을 시작한다. 밥그릇에 집착하는 경향이 줄어들 것이다.

- 반려견이 밥을 먹자마자 바로 밥그릇을 치운다. 이때는 반려견 몰래 해서는 안 된다. 보호자가 밥그릇을 가져가는 모습을 반려견이 직접 보도록 한다.
- 특히 '안 돼'라는 명령어를 주입시키는 데 주력하면서 앞에서 설명한 기본 훈련과 지배/복종 훈련을 강화한다.

# 음식을 자꾸 훔쳐 먹어요

기본적으로 개들은 도둑질이라는 개념을 이해하지 못한다. 남은 음식은 당연히 자신이 먹어도 된다고 여기는 것이다. 래브라도종과 같은 일부 개들은 폭식을 하는 경향이 있지만 대부분의 경우 이런 버릇은 배가 고파서가 아니라 천성적으로 타고난 습성일 뿐이다.

### 이렇게 해봐요

- 가족 모두에게 주변에 음식을 남겨놓지 말라고 당부한다. 반려견을 유혹할 만한 요소를 미리 제거하는 것이다.
- 일부러 상황 설정을 해놓고 반려견이 음식을 훔쳐 먹으려 하면 '마법의 체벌'을 가한다.
- 보호자로서의 위상을 강화한다.
- 반려견이 육체적, 정신적으로 활발하게 활동할 기회를 준다.
- 식단이 영양학적으로 균형이 잘 맞으며 양이 적절한지 점검한다.

## 아무데서나 대소변을 봐요

배변 훈련에서 꼭 지켜야 할 첫 번째 규칙은 반려견이 어떤 이유로든 배변 장소 이외에서 소변을 봐서는 안 된다는 것이다. 절대로 이런 버릇을 묵인해서는 안 되고, 아파서 소변을 본 경우를 제외하고는 변명을 해줘도 안 된다.

**이렇게 해봐요**

### 강아지

현재 집에서 강아지에게 배변 훈련을 시키는 방법에는 두 가지가 있다. 첫 번째 방법은 일단 뒷문 근처에 신문지를 깔아놓고 강아지가 이곳에서 대소변을 보도록 유도하다가 점차 신문지를 문 밖으로 빼는 것이다. 그렇게 바깥에 놓아둔 신문지에 대소변을 보게 하고, 조금 시간이 지나면 신문지를 치워도 같은 장소로 가게 훈련시키는 것이다.

두 번째 방법은 이와 달리 처음부터 제대로 훈련을 시키는 방식이다.

이 방법은 한 번만 훈련을 시키면 되기 때문에 간편하고 목표 또한 현실적이다. 그러므로 다음에 설명하는 '9대 원칙'이 정확하게 지켜지기만 한다면 놀 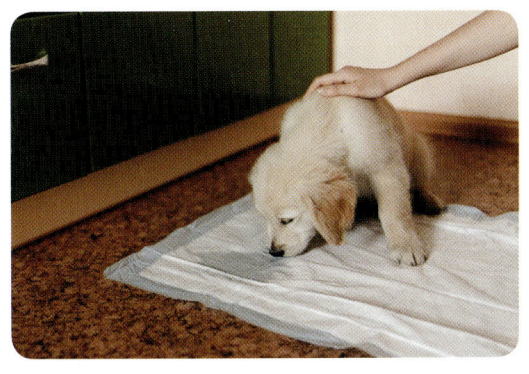 라울 정도로 빠른 시간 안에 효과를 볼 수 있다는 장점이 있다. 일반적으로 개는 잠을 자거나 밥 먹는 장소와 가까운 곳에서 배변을 보는 것을 싫어하기 때문에 강아지의 잠자리를 크레이트나 놀이장 안에 놓아두면 효과적이다.

집에서 배변 교육을 시키려면 무엇보다도 생후 5~7일 정도는 항상 강아지를 자세하게 살피고, 훈련을 시키면서 많은 시간과 노력을 기울일 각오가 되어 있어야 한다. 물론 강아지가 깊이 잠들었을 때는 실수하더라도 봐줘야 하고, 가족 중에 열성적이며 정해진 규칙을 잘 따를 사람이 있다면 잠시 역할을 위임해도 좋다.

### 배변 훈련의 9대 원칙

❶ 평소에 강아지를 자주 배변 장소로 데리고 가서 배변할 수 있는 기회를 많이 준다. 낮 동안에 적어도 대략 90분에 한 번씩 데리고 가서 실수할 가능성을 줄인다.

❷ 강아지가 절대로 배변 장소 이외의 곳에서 대소변을 보는 일이 없도록 만들겠다고 다짐한다.

❸ 강아지가 배변을 하고 싶을 때 보이는 신호를 잘 파악해놓는다. 보통 불안해하며 한자리에서 뱅뱅 돌다가 마지막으로 웅크리고 앉는다. 강아지가 이런 신호를 보이거나 혹은 화장실에 가고 싶어 한다고 생각되면 지체 없이 배변 장소로 데리고 간다.

❹ 배변 장소에서 강아지가 배변하려는 신호를 보이면 호루라기를 불어서 배변을 하도록 부추긴다. 굳이 호루라기를 쓰지 않더라도 각자의 상황에 맞게 명령어나 칭찬으로 격려해주는 방법도 좋다. 강아지가 배변을 마친 즉시 호루라기를 조금 길게 불고 나서 칭찬을 해주고 쓰다듬으며 아낌없이 격려해준다. 바로 먹이를 줄 수 있게 준비되어 있다면 음식으로 상을 주는 것도 좋다. 강아지는 얼마 지나지 않아 호루라기 혹은 기타 명령어와 배변이 관련되어 있다는 점을 배우게 될 것이다.

❺ 강아지는 잠에서 깨면 자연적으로 화장실에 가고 싶어 한다는 점을 명심하자. 낮잠을 자다 깼다면 즉시 배변 장소로 데리고 가서 앞의 과정을

🐾 주의 깊게 지켜보면 강아지가 소변을 보기 전에 원을 그리면서 맴돌다가 웅크리고 앉는 모습을 관찰할 수 있다. 그러면 즉시 강아지를 배변 장소로 데리고 간다.

따라 한다.

❻ 이와 비슷하게 강아지는 밥을 먹은 직후나 놀고 난 뒤에 배변을 하고 싶어 할 것이다. 따라서 강아지가 먹이를 먹고 난 직후 혹은 놀거나 격렬한 활동을 한 직후에는 미리 준비를 하는 것이 좋다.

❼ 최근의 주장에 따르면 강아지가 밖에서 용변을 보도록 훈련시킬 때 특정한 장소 혹은 잔디 혹은 시멘트처럼 정해진 표면만을 고집하는 것이 가장 좋은 방법은 아니라고 한다. 동일한 장소만 사용하다 보면 나중에 다른 곳에 갔을 때 역효과가 발생할 수 있다는 것이다. 예를 들어 잔디나 자갈밭 중 한곳에서만 배변하도록 훈련시킨 경우, 고속도로 휴게소나 주유소 앞에 정차했을 때는 아주 곤란한 상황이 생길 수 있다. 따라서 처음 훈련을 시킬 때부터 화단 등 특정한 장소를 제외하고는 어디에서라도 배변을 할 수 있도록 하는 것이 좋다.

❽ 가족들이 돌아가면서 강아지를 보살필 때는 모두가 정해진 훈련 절차를 엄격하게 준수하는 것이 아주 중요하다.

❾ 마지막으로 혹시 배변 훈련에 실패했더라도 강아지를 야단치면 안 된다. 오물을 잘 닦아내고 다시는 그런 일이 벌어지지 않도록 주의한다. 강아지는 천성적으로 이전에 배변을 했던 장소로 다시 돌아가기 마련이므로 성능이 좋은 탈취제나 얼룩 제거제를 사용해서 냄새가 남지 않도록 철저하게 닦아낸다. 이렇게 하면 단 며칠 만에 큰 변화가 생길 것이다.

**성견**

다 자란 반려견임에도 배변 훈련이 안 되어 있다면 먼저 방광염이나 신장질환, 당뇨병, 암컷의 갑작스러운 발정, 성욕 과잉과 같은 질병이나 특정한 상태 때문인지를 확인해야 한다. 이런 질환과 관련이 있다면 수의사에게 정확한 진료를 받고 문제의 원인을 제거해야 한다.

또한 과거에 배변 훈련이 부족했거나 훈련을 잘못 시켜서 발생한 문제가 아닌지도 고려해보아야 한다. 그런 후에 강아지 배변 훈련법을 따르되 성견은 강아지처럼 자주 배변 장소로 데리고 갈 필요가 없다는 점을 고려한다.

다른 문제 행동과 마찬가지로 보호자로서의 위상을 강화하는 훈련을 정기적으로 실시하고, 따로 시간을 내서 기본 훈련을 규칙적으로 병행한다. 이렇게 하면 반려견이 당신을 명백한 보호자로 인식하고 당신의 기분을 상하게 하지 않으려고 노력할 것이다.

# 털 손질을 싫어해요

일반적으로 이런 행동은 대부분 반려견이 지배력을 강력하게 발휘하려고 하거나 사람보다 우위에 서려고 할 때 나타난다. 그렇지만 단순히 몸에 상처가 났거나 귀에 문제가 있거나 관절염이 있어도 이런 반응을 보이기도 한다. 털을 다듬는 과정에서 통증을 느끼기 때문이다. 특히 평소 온순한 반려견이 갑자기 이런 반응을 보인다면 통증을 느끼는 부위를 찾아내야 하며 필요한 경우에는 수의사의 도움을 받는다.

### 이렇게 해봐요

- 근본적인 건강상의 원인을 찾아서 치료한다.
- 보호자로서의 위상을 강화한다.
- 빗질의 강도를 조금 줄이고 빗이 너무 날카롭거나 불쾌감을 주지 않는지 확인한다. 등과 같이 반려견이 잘 받아들이는 부위를 중심으로 빗어주다가 민감하게 반응하는 부위로 천천히 이동한다. 털을 손

질하는 과정을 순순히 받아들이면 상을 준다. 털을 빗어줄 때 실수하지 않도록 조심하고, 조금이라도 거부 반응을 보인다면 한두 단계 되돌아가서 다시 시작한다.

❋ 털을 손질할 때 거부 반응을 보인 적이 있는 반려견이 다시 거칠게 반항한다면, 빗질이 통증을 유발하기 때문은 아닌지 확인해본다.

# 공포증이 있어요

공포증이란 소음, 빛, 특정한 유형의 사람, 다른 동물 혹은 혼자 남겨지는 일 등에 과도하게 두려움을 갖는 증상이다. 이처럼 일부 대상에 비정상적으로 과도한 반응을 보이는 것은 반려견은 물론이고 보호자나 다른 사람에게 심각한 상해를 입힐 수 있다. 게다가 반려견이 극도로 흥분한 상태에서 탈출하려다가 재산상 큰 손실을 끼칠 수도 있다.

보호자가 반려견의 특성을 잘 이해한 상태에서 조심스럽게 습관화 및 사회화 교육을 시켰다면 일상생활에서 만나는 자극들에 과도한 공포감을 보이지 않을 것이다. 그러나 예측할 수 없는 모든 상황에 대비해서 훈련을 시킨다는 것은 불가능하다. 특히 내성적인 성향을 가진 일부 반려견의 경우, 천둥이나 번개, 불꽃놀이와 같은 일상적인 상황에서도 과도한 스트레스나 불안 증세를 나타내기도 한다. 최근에는 과도한 공포감이 유전된다는 주장도 인정을 받고 있다.

하지만 이러한 행동이 대부분 보호자의 잘못에서 유발된다는 사실을 무시해서는 안 된다. 예를 들어 불꽃놀이를 할 때, 보호자가 두려움에 떠는 반려견을 본능적으로 쓰다듬거나 껴안게 되면 반려견은 이를 상이나 칭찬으로 받아들이고 계속 몸을 털거나 벌벌 떤다. 결국 이후에 같은 상황에 처했을 때도 이와 같은 행동을 되풀이하게 된다.

공포증을 예방하려면 조심스러운 습관화 및 사회화 훈련으로 미리 대비하거나 반려견이 두려워하는 기미를 보일 때 보호자가 적절한 반응을 보이는 것이 가장 좋은 방법이다. 그러나 내성적인 반려견은 이런 방법으로도 성공을 거두기가 어렵다. 이 경우 같은 문제가 다시 발생하는 것을 막기 위한 단기 치료 측면에서 행동교정 요법을 사용하면 된다.

튀어나온 눈, 겁에 질린 표정과 몸의 떨림 등은 모두 공포증의 증상이다.

이렇게 해봐요

### 단기 치료

반려견이 처음으로 천둥, 번개나 불꽃놀이에 공포 반응을 보였을 때, 그 반응이 너무 심각하지 않다면 다음 단계를 따라 해본다. 반려견이 몸을 털거나 떨면서 집 안을 왔다 갔다 하기 시작한 즉시 문과 창문을 모두 닫고 커튼을 친다. 그리고 거실로 데리고 가서 텔레비전이나 라디오

볼륨을 가능한 한 크게 올려 외부에서 들리는 소음을 막는다. 이때 보호자는 최대한 침착하게 행동하고 반려견을 만지지 않으면서 무관심한 자세를 보인다. 만약 보호자가 쓰다듬어주는 등 접촉을 하게 되면 그 행동을 칭찬으로 받아들일 수 있으므로 주의해야 한다. 반려견은 사람이 동요하면 즉시 눈치를 채기 때문에 집 안에 있는 모든 가족이 차분한 모습을 보이도록 노력해야 한다.

일단 외부 소음이 줄어들고 반려견이 평온을 되찾기 시작하면 행동 수정 훈련 몇 가지를 실행하고, 올바르게 잘 반응할 경우 후하게 상을 준다. 많은 동물행동 심리학자들은 소음이 시작되는 시점에는 훈련을 하거나 상을 주는 것이 오히려 해가 된다고 주장한다. 이런 훈련이 공포심을 조장하는 외부 자극에 더 관심을 돌리게 할 수도 있기 때문이다.

배변 때문에 반려견을 밖으로 데리고 나가야 될 상황이라면 반드시 목줄을 채운다. 공포에 질린 상태에서 뛰어다니다가 길을 잃을 수도 있기 때문에 혼자 두거나 주의를 소홀히 하면 안 된다. 특히 이처럼 시끄러운 소음이나 섬광을 두려워하는 반려견을 집이나 자동차에 혼자 두는 것은 금물이다.

🐾 텔레비전이나 라디오 볼륨을 크게 올려 천둥, 번개나 불꽃놀이 같은 두려움을 일으키는 외부 소음을 막는다.

반려견이 이 과정에 어느 정도 잘 따라왔다면 같은 식으로 상황에 따라 적절히 적용시키면 된다. 그리고 눈에 잘 띄면서 외부의 소음이나 섬광이 잠잠해질 때까지 편히 쉴 수 있는 탁자 아래나 벽장 안 등에 편안한 잠자리를 만들어준다. 반려견이 쉬고 싶은 장소를 스스로 선택하게 하면 성공할 확률이 더 높다. 이렇게 해도 원하는 결과를 얻지 못했다면 수의사에게 상담을 받는다. 일부 수의사는 외부의 소음이 들리면 반려견이 동요하기 전에 개 진정 페로몬(DAP) 및 불안 완화제나 진정제를 투여하라고 처방할 것이다.

## 장기 치료

다른 나쁜 버릇들을 교정하는 것과 마찬가지로 나중에 고치려고 노력하는 것보다 처음부터 예방하는 편이 훨씬 수월하다. 특히 불꽃놀이 공포증처럼 보호자가 시야에 없을 때 훨씬 심하게 나타나는 증상의 경우 더욱 그렇다. 따라서 이를 효과적으로 해결하려면 문제가 발생할 만한 상황이 일어나기 전에 미리 조치를 취해놓아야 한다. 치밀하게 계획을 세워서 실행하는 것이 성공의 핵심 열쇠다.

반려견의 공포증을 근본적으로 예방하기 위해서는 보통 체계적 둔감화라는 행동교정 기법을 사용한다. 이 기법은 의도적으로 반려견의 공포심을 유발하는 자극에 낮은 수위로 접하게 한 뒤 반려견이 차분한 자세를 유지하면 상을 주는 행동을 반복하여 두려움을 없애는 것이다. 예를 들어 특정 소리를 무서워하는 반려견의 경우, 처음에는 그 소리를 아주 작게 들려주다가 차차 볼륨을 높여 반려견이 견딜 수 있는 한계에 이르게 만든다. 인내심을 가지고 아주 천천히 강도를 높이는 것이 무엇보다 중요한 기본 규칙이다. 반려견이 받아들일 준비가 되기도 전에 소리를 너무 키우는 실수를 하지 않도록 주의한다. 시중에 불꽃놀이 등 공포를 유발하는 다양한 소리가 녹음된 CD도 출시되어 있으며 상세한 지시 사항도 포함되어 있다. 필요한 경우 수의사와의 상담을 권한다.

일부 동물행동 심리학자들은 일단 둔감화 치료가 효과를 발휘하면 부정적 반응을 긍정적인 것으로 대치하는 반대 조건 부여를 활용하라고 조언한다. CD에 녹음된 소리를 잘 참고 들으면 간식을 주거나 칭찬을 해서 무서운 소리를 잘 참으면 상을 받게 된다는 점을 교육시키는 것이다. 그렇지만 이러한 행동수정 기법을 사용하는 것에 자신이 없다면 반드시 수의사나 숙련된 동물행동 심리학자에게 조언을 구해야 한다.

마지막으로 둔감화 치료를 통해 행동수정에 성공한 반려견이라도 공포를 유발하는 소리를 가끔씩 주기적으로 들려주지 않으면 두려움이 되살아난다는 점을 명심해야 한다.

🐾 공포를 유발하는 소리가 녹음된 CD를 들려주는 훈련을 하면 과민 반응을 보이는 반려견을 둔감하게 만들 수 있다. 처음에는 아주 작은 소리로 들려주다가 조금씩 볼륨을 높인다.

### 이 장에서 다룰 내용

**025** 카펫과 가구를 더럽혀요
**026** 기름이나 타르를 묻히고 들어와요
**027** 밤사이에 실례를 해요
**028** 집 안의 물건에 영역 표시를 해요
**029** 털이 많이 빠져요
**030** 목욕을 해야 해요
**031** 새로운 강아지나 갓난아이, 고양이와 처음 만나요
**032** 물건을 자꾸 씹어요
**033** 털 손질을 거부해요
**034** 약을 안 먹으려고 해요
**035** 사람이 많은 모임에 가야 해요
**036** 화상을 입었어요
**037** 친구를 입양해줄까요?
**038** 초콜릿을 통째로 먹었어요
**039** 사람이 먹는 약을 삼켰어요
**040** 감전돼서 의식을 잃었어요
**041** 어떤 먹이를 줘야 하나요?
**042** 발정기인데 집 안에 수컷 반려견이 있어요
**043** 암컷이 생리를 해요
**044** 날카로운 이빨로 손을 물어요
**045** 강아지가 사람의 얼굴을 핥아요
**046** 목걸이와 목줄을 싫어해요
**047** 길거리에서 대변을 봐요
**048** 소변 본 자리에 있는 식물이 죽어요
**049** 수영을 안 하려고 해요
**050** 돌을 삼켜요
**051** 자꾸 정원의 흙을 파요
**052** 배설물은 어떻게 치워야 하나요?
**053** 길을 잃었는데 못 찾아와요
**054** 반려견을 도둑맞았어요
**055** 다른 반려견과 싸워요
**056** 교통사고를 당했어요
**057** 철창이나 가시덤불에 끼었어요
**058** 해변에서 돌이나 모래를 물어 와요
**059** 반려견 훈련소나 호텔에서 함부로 행동해요
**060** 벌에 쏘였어요
**061** 차에서 의식불명 상태로 발견됐어요
**062** 잔디 색깔이 변했어요
**063** 암컷이 산책을 하다가 짝짓기를 했어요

# 2장

# 집 안팎에서 일어나는 사고와 문제점

## 반려견의 실수 바로잡기

이 장에서는 반려견을 키우면서 일어날 수 있는 일반적인 문제들과 사고의 해결책을 다룬다. 반려견이 몸이 아주 좋지 않아서 문제가 생긴 경우는 그냥 지나가도 좋지만 그 외의 경우라면 곤란하다. 보호자 스스로에게 문제가 있다는 점을 인정하고 즉시 상황을 바꾸겠다고 다짐해 앞으로 같은 사태가 반복되지 않게 해야 한다.

먼저 다음 페이지에서는 기본이 되는 반려견 안전 수칙에 대해 소개한다.

## 반려견 안전 수칙

사람과 마찬가지로 개 역시 상처를 입거나 죽음에 이르는 갖가지 사고를 당할 수 있다. 다음에 소개하는 안전 수칙을 잘 따르면 이러한 위험을 최소한으로 줄일 수 있다. 반려견에게 일어날 수 있는 위험을 파악하고 항상 대비해야 하며 안전을 지킬 수 있는 절차를 밟아야 한다. 항상 미리 생각하고 잠재적인 위험 요소에 주의하는 것이 좋다.

### 안전 수칙

#### ➔ 실내

- 난로에는 울타리를 쳐놓는다.
- 전선에 닿지 않게 하고 모든 가전제품이 제대로 접속되어 있으며 플러그에 잘 연결되어 있는지 확인한다.
- 세제와 살균제를 포함한 모든 청소 제품에 접근하지 못하게 한다. 찬장에 안전하게 넣어두는 것이 좋다.
- 고무줄 등은 그때그때 확실하게 버린다. 개의 혀나 발, 꼬리에 감기기 쉬우며 그렇게 되면 치명적인 사고가 생길 수 있다.
- 요리를 하는 동안에는 뜨거운 물에 화상을 입을 수 있으므로 부엌 출입을 금지하는 것이 좋다.
- 종류를 막론하고 씹었을 때 쪼개지는 뼈는 절대 주면 안 된다.

시중에 나와 있는 애견 전용 껌을 구입한다.
- 크기가 크고 비싼 장신구들은 반려견이 닿지 않는 곳에 두고, 바닥에 떨어지는 일이 없도록 안전하게 보관한다.
- 독성이 있거나 염증을 일으키는 식물은 반려견이 가까이 가지 못하는 곳에 둔다. 그런 식물의 종류를 잘 모른다면 식물 취급 설명서를 참고하거나 화원이나 동물병원에 물어본다.
- 초콜릿은 절대 주면 안 된다. 아무리 적은 양이라도 질병을 일으키거나 죽음에까지 이를 수 있다.
- 쓰레기통은 확실하게 닫아놓는다.
- 반려견의 장난감이 너무 단단하거나 부드러우면 안 된다. 또한 모서리가 날카롭거나 크기가 너무 작아서 통째로 삼킬 수 있는 장난감도 안 된다. 씹거나 거칠게 가지고 놀아도 손상이

반려견이 있는 가정에서는 식물을 둘 때도 주의를 기울여야 한다.

없는 제품을 선택하고 오래 사용해서 닳았을 때는 바로 버리는 것이 좋다.
- 아주 잠깐이라도 목줄을 묶지 않은 반려견을 갓난아이나 어린이와 단둘이 남겨두면 안 된다. 아무리 얌전하고 온순한 반려견이라도 이것만은 반드시 금지해야 한다.

### ➡ 실외

- 새나 야생동물용으로 놓아둔 먹이에 반려견이 손을 대지 못하게 한다. 죽은 새나 동물은 바로 치운다.
- 겨우살이, 주목, 금련화를 비롯한 몇몇 식물처럼 개에게 독성이 있는 식물은 심지 않는다. 화원에 가서 전문가의 조언을 구하는 것도 좋은 방법이다.
- 반려견이 정원이나 창고에 자유롭게 드나들 수 있는 상황이라면 특별히 주의를 기울여야 한다. 부동액, 오래된 페인트, 나무 방부제, 접착제, 잡초 제거제, 곰팡이 제거제 등은 모두 세심하게 관리해야 한다.
- 차고나 창고는 잘 닫아두고 출입 금지 구역으로 지정해놓는 것이 가장 좋다.
- 정원에 해충약을 사용할 때는 세심하게 주의를 기울이고 적어도 해충약이 마를 때까지는 반려견이 접근하지 못하도록 한다.
- 잡초 제거제나 개미 제거제 등을 사용하기 전에 반려견의 물그릇을 치워놓는다.

- 수영장과 연못이 반려견에게 안전한지 확인한다.
- 아무리 말을 잘 듣는 반려견이더라도 복잡한 도로에서는 항상 줄을 채운다. 또한 차에서 내릴 때는 문을 열기 전에 반려견의 목에 줄을 채우고 뒤따라 내리게 한다.
- 집과 정원에서 나온 쓰레기는 모두 안전하게 싸서 쓰레기통에 넣은 뒤 뚜껑을 확실히 닫아놓는다.
- 정원 울타리를 정기적으로 점검한다.
- 반려견을 안고 운전을 하거나 반려견이 운전자를 방해하지만 않는다면 목줄을 묶지 않은 채로 주행하는 것은 불법이 아니다. 그러나 충분히 주의를 기울이는 것이 현명하다. 반려견을 이동장에 넣어서 뒷좌석에 고정시켜 놓거나 애견 전용 안전띠를 매어주는 것이 좋다. 체중이 20kg인 개를 태우고

🐾 반려견을 안전하게 차에 태우고 주행할 수 있는 강아지 카시트도 있다.

시속 50km로 달리다가 충돌하면 개가 앞으로 튕겨 나가 심각한 부상을 입거나 운전석 혹은 조수석에 앉은 사람이 사망할 수도 있다. 짧은 거리를 주행할 경우 작은 개는 조수석에 앉은 사람의 발밑에 안전하게 두는 것이 좋다.

- 개는 밖을 내다보는 것을 좋아하지만, 머리를 창밖으로 내미는 것은 금지한다.

## 비상용 구급상자

집과 차에 반려견을 위한 비상용 구급상자를 준비해두는 것이 좋다. 구급상자에 포함되어야 할 필수품은 다음과 같다. 물품들은 공기가 통하지 않는 튼튼한 금속 상자에 담되 상자는 꼭 닫아두어야 한다.

- 끝이 날카롭지 않은 둥근 핀셋
- 곧고 끝이 무딘 가위
- 손톱깎이
- 긴급 상황에서 주둥이를 막는 데 사용할 튼튼한 테이프
- 5~8cm 너비의 질 좋은 탄력 붕대
- 수의사에게 처방받은 동물 전용 소독약
- 파라핀 액
- 5cm 너비의 거즈가 붙은 반창고
- 성기게 짠 5~8cm 너비의 면 붕대
- 넓은 솜 패드

- 거즈
- 동맥 겸자(작은 가위 모양으로 수술 부위를 집거나 누르는 데 사용하는 도구)
- 동맥 겸자와 함께 지혈대로 사용할 면으로 감싸진 튼튼한 고무줄
- 여분의 목걸이와 줄

이외에도 아프거나 부상당한 반려견의 체온을 유지하는 데 쓸 낡은 시트나 담요를 자동차에 상비하는 것이 좋다. 쓰레기를 담는 큰 봉지도 땅이 젖었을 때 유용하다.

# 우리 강아지, 이럴 땐 어쩌죠?

## Q&A

| 025~063 |

집 안팎에서 일어나는 사고와 문제점

# 카펫과 가구를 더럽혀요

반려견과 생활하는 집에서는 여러 사고가 발생하기 마련이다. 대소변, 구토, 피, 뚝뚝 떨어지는 침으로 집 안이 더럽혀지기 일쑤이다. 도로나 해변에서 타르를 묻혀 오거나 자동차 밑 혹은 차고에서 기름을 묻힌 채 집 안에 들어와서 곳곳을 더럽히는 것도 문제가 될 수 있다.

이 경우 왜 이런 문제가 발생하는지를 규명하는 것이 올바른 순서이다. 보호자의 잘못인가, 반려견의 잘못인가. 아니면 단지 병 때문이거나 나이가 들면서 일어난 일인가. 얼토당토않은 핑계를 늘어놓으려 하지 말고 솔직하게 평가하고, 앞으로 같은 일이 발생하지 않도록 하기 위한 계획을 세운다.

### 이렇게 해봐요

요즘에는 종류에 상관없이 얼룩을 거의 완전하게 제거해주는 제품들이 다양하게 나와 있다. 그중 대다수의 반려동물 전용 제품들이 단순히 냄새만 가리는 것이 아니라 생화학적으로 냄새는 물론 얼룩까지 제거해주는 기능을 갖추고 있다.

또한 반려동물 용품 관련 회사들은 질병을 유발하는 세균, 곰팡이, 바이러스를 효과적으로 막을 수 있는 살균 제품을 생산하고 있다. 시중에 나와 있는 제품 중에는 독성과 자극 및 표백 성분이 없으며 완전하게 생물 분해가 이루어진다는 것도 있다. 언제든지 사용할 수 있게 이런 제품들을 미리 구입하여 안전하게 보관해두는 것이 현명하다. 이렇게 하면 문제가 발생했을 때 재빨리 효과적으로 해결할 수 있을 것이다.

반려견이 실수를 할 경우 다음과 같은 단계를 따라 해보자.

❶ 흡수력이 좋은 종이 타월이나 버려도 좋은 천으로 분비물을 세심하고 철저하게 닦아낸다.
❷ 낡은 주걱 혹은 유사한 도구로 배설물을 문질러서 깨끗이 긁어낸다. 어떤 경우에는 동물의 배설물을 건조한 젤라틴 상태로 만들어주는 제품을 사용하면 청소를 쉽게 할 수 있다.
❸ 얼룩 제거 제품을 사용한다.
❹ 필요한 경우 얼룩이 생기지 않는 살균제를 사용한다.
❺ 탈취제를 사용한다.
❻ 마지막으로 필요한 경우 탈취 기능이 있는 세제로 카펫과 가구를 닦아낸 뒤 깨끗한 천으로 표면을 닦는다. 시간이 없다면 헤어드라이어로 마무리한다.

> **이렇게 예방해요**

다음에 유용한 예방법들을 설명했다.

**소변**: 반려견이 배변 장소로 갈 기회가 충분한지 생각해보고 데리고 갔을 때 실제로 소변을 보는지 확인한다. 반려견의 건강이 의심스러우면 즉시 수의사와 상의한다.

**대변**: 묽기와 색을 잘 살핀다. 문제가 심각하고 지속적으로 나타나면 수의사에게 도움을 구한다.

**구토**: 수의사에게 진료를 받아야 할 수도 있으므로 토사물의 색과 내용물을 살피고 이물질이 섞여 있지 않은지 확인한다. 반려견의 털에 토사물이 묻었다면 깨끗이 씻긴다.

**출혈**: 상처 부위를 확실하게 붕대로 감아준다. 발정기에 접어든 암컷이라면 얼룩을 묻힐 만한 물건들에 가까이 가지 않도록 주의한다. 이런 문제를 해결하기 위해 난소를 제거하는 수술도 고려해본다.

**침**: 윗입술이 아래로 축 처진 개는 침을 입안에 담고 있지 못한다. 이런 개들은 먹이를 보여주며 감질나게 하면 상황이 더욱 악화되니 주의한다. 손님이 오는 경우라면 반려견에게 천 조각을 주거나 잠시 다른 곳에 격리해두는 등의 예방 조치를 취한다.

# 기름이나 타르를 묻히고 들어와요

**이렇게 해봐요**

### 털에 묻은 기름이나 타르

반려견의 털에 석유나 드라이클리닝에 쓰이는 사염화탄소와 같은 가연성 액체를 사용해선 안 된다. 기름이나 타르가 묻은 털을 가능하면 많이 잘라낸 뒤, 순한 세제나 애견 전용 샴푸로 씻긴다.

타르가 묻었다면 먼저 손 세척제나 요리용 기름, 라드(돼지 기름), 선탠용 크림 등을 발라서 부드럽게 희석시키면 효과적이다. 그다음 설거지용 세제와 같이 순한 세정제를 푼 따뜻한 물로 타르가 묻은 부위를 씻어낸다. 마지막으로 물로 잘 헹궈서 세제가 반려견의 피부에 남지 않도록 한다.

### 발에 묻은 타르

발바닥 사이에 묻은 타르 덩어리와 털을 깎아낸다. 병이나 깡통에 식물성 기름을 붓고 발을 담근다. 혹은 손 세척제, 동물성 기름으로 세정력이 좋은 라드나 라드로 만든 비누 등을 발에 듬뿍 펴 바른다. 선탠용 크림을 사용해도 좋다. 이때는 반려견이 부드러워진 타르를 핥지 않도록 각별히 주의해야 한다. 그러고 나서 따뜻한 물에 설거지용 세제와 같이 순한 세정제를 풀어 반려견의 발을 씻어내고 깨끗한 물로 여러 번 헹궈 피부에 세제가 남지 않도록 한다.

타르 침전물이 아주 많거나 넓은 부위에 묻었을 경우에는 특별한 처리가 필요할 수도 있으므로 즉시 수의사와 상담한다. 상당한 양의 타르를 섭취했다는 의심이 들면 약물을 먹어야 한다.

**부드러운 가구나 자동차 시트에 묻은 타르**
바셀린을 발라 문지르거나 사염화탄소, 타르를 녹게 하는 기타 용제를 발라 스펀지로 닦아낸다. 이 과정을 되풀이한 뒤에 세제로 씻어내고 헹군다. 얼룩이 묻은 바깥쪽부터 안쪽으로 원을 그리듯이 문지른다. 어떻게 될지 확신이 없다면 먼저 작은 부위에 시험을 해보거나 전문가의 도움을 받는다.

**이렇게 예방해요**

타르가 묻어 있는 해변 혹은 최근에 새로 포장을 했거나 더운 날씨에 아스팔트가 녹아내린 도로에서는 반려견을 운동시키지 않는다. 반려견이 사람이 없는 차고에 혼자 들어가는 일이 없도록 하고, 차 밑에 눕거나 기어 다니는 것을 금지시킨다.

🐾 기름이나 타르 얼룩은 예방이 가장 좋은 방법이다. 반려견을 항상 잘 살피고 사람이 없을 때 차고에서 어슬렁거리거나 새로 포장한 도로 혹은 타르가 묻어 있는 해변에 들어가지 못하게 한다.

# 밤사이에 실례를 해요

다 자란 개도 종종 밤사이에 대소변을 지리는 실수를 한다. 그러나 이런 일이 주기적으로 일어난다면 미처 발견하지 못한 건강상의 문제가 있는 것은 아닌지 꼭 수의사에게 진료를 받아야 한다. 생후 4~5개월 이하의 개는 성견처럼 긴 시간 동안 대소변을 참지 못한다는 점을 염두에 두고 적절한 대책을 세운다.

### 이유가 있어요

- 건강상의 이유
- 밤새 너무 오랫동안 방치해놓지는 않았는가? 보통 개는 최대 8~10시간 정도만 대소변을 참을 수 있다.
- 우유 배달부나 신문 배달부 등 때문에 새벽잠을 설친 것은 아닌가? 일단 잠에서 깬 반려견은 대소변을 보기 위해 배변 장소로 데리고 가야 한다.

- 밤에 마지막으로 배변 장소에서 소변을 봤는가? 보호자가 서두르지는 않았는가? 반려견이 실제로 소변을 누는 것을 봤는가?
- 밤새 반려견이 머물렀던 잠자리나 개집 등에 대소변의 냄새가 남아 있지는 않는가? 이런 경우에는 살균제나 탈취제를 사용하면 상당히 효과적이다. 표백제나 염소가 들어 있는 제품은 냄새를 더욱 악화시킬 수 있기 때문에 사용하지 말아야 한다.

### 이렇게 해봐요

수의사의 충고에 따라 약물을 복용시키거나 식단을 변경하거나 먹이를 조금씩 수시로 준다. 혹은 반려견이 명령어를 듣거나 고주파 호루라기 소리를 들을 때 대소변을 보도록 훈련시킨다.

반려견은 이전에 대소변을 본 자리에서 다시 일을 보는 습성이 있으므로 평소에 잠자리를 정기적으로 소독해 배설물 냄새가 남지 않도록 해야 한다. 반려견을 크레이트에서 재우는 것도 고려해본다. 마지막으로 주말에 너무 늦잠을 자지 않도록 한다. 혹시 물을 마시려고 잠에서 깬다면 물을 마시는 중이나 다시 침대에 눕기 전에 꼭 반려견이 배변을 했는지 확인한다.

🐾 크레이트는 반려견이 밤에 집 안이나 집 주변을 돌아다니며 아무 곳에나 대소변을 보는 것을 방지해준다.

# 집 안의 물건에 영역 표시를 해요

안타깝게도 대부분의 수컷과 일부 암컷들이 이러한 행동을 하는 습성을 가지고 있다. 그러나 이를 용납해서는 안 된다.

### 이유가 있어요

이런 습성은 그저 반려견이 성욕 과잉 증상을 보이는 신호일 수도 있다. 이런 경우라면 이외에도 다른 증상이 함께 나타날 것이다('005 성욕 과잉 증상을 보여요' 참고). 반려견이 지배적인 위치를 확립하려는 중이거나 보호자의 침대에서 함께 잘 수 없어서 질투를 하는 것일 수도 있다. 이런 버릇이 든 개는 흔히 침대 아랫부분에 영역 표시를 한다.

### 이렇게 해봐요

수의사 혹은 숙련된 동물행동 심리학자에게 조언을 구하고 반려견에게 중성화 수술을 시키는 것도 고려해봐야 한다. 그러나 이 방법은 초기에 이루어져야 성공률이 약 50퍼센트라는 점을 알고 있어야 한다.

또한 탈취 제품을 쓰는 것도 효과는 있지만 시트로넬라 성분이 포함된 제품은 오히려 반려견을 끌어들이는 작용을 하기 때문에 방향 스프레이의 효과에 의구심이 제기되고 있다. 게다가 일부 제품은 표백제와 마찬가지로 소변 냄새를 더욱 악화시킬 수도 있다.

그 밖에 다음과 같은 방법을 시도해보자.

- 행동수정 훈련을 통해서 보호자로서 위상을 확립하고 강화한다.
- 반려견을 유혹할 만한 물건과 기회를 모두 제거한다. 침대 아랫부분과 같이 반려견이 영역 표시를 하기 쉬운 장소에는 아예 접근을 금지하도록 규칙을 세운다. 일반적으로 침실에는 반려견의 출입을 금지하는 것이 가장 좋은 방법이다.

반려견이 보호자의 침대에서 자지 못하는 것을 질투해서 반항의 의미로 영역 표시를 할 수도 있다. 반려견이 침실에 출입하는 것을 금지하는 것이 현명하다.

- 일부러 특정한 상황을 설정해서 벌을 주는 '마법의 체벌'을 사용한다. 반려견이 잘못을 저지르려는 순간에 적당한 몸짓과 함께 날카로운 목소리로 "안 돼"라고 말하기만 해도 대단히 효과적이다.
- 이미 잘못을 저지른 후에는 어떤 주의를 줘도 소용이 없다. 반려견은 원인과 결과를 연관 지어 생각하지 못하기 때문에 오히려 반려견이 이를 칭찬으로 받아들이는 역효과가 날 수 있다.
- 반려견이 발정기에 있는 암캐와 접촉하는 일이 없도록 한다. 이 경우 상황이 더욱 악화된다.

# 털이 많이 빠져요

> 이렇게 해봐요

　개털은 엄청나게 다양한 방식으로 천에 달라붙는다. 불테리어나 도베르만의 짧은 털은 섬유 사이에 꽂혀버리기 때문에 아주 골칫거리다. 특히 천으로 된 자동차 시트의 경우에 이런 문제가 심각하게 나타난다. 털을 제거하느니 차라리 자동차 시트를 가죽으로 바꾸는 것이 나을 정도다.

　다음과 같은 방법을 사용하면 털을 뭉쳐서 제거하기 쉬우므로 효과적이다.

- 물기가 있는 고무장갑을 끼고 가구와 의류를 쓸어내린다.
- 테이프의 끈적거리는 부분이 바깥을 향하도록 손가락에 두르고 천을 쓸어내린다. 손잡이가 달린 먼지 제거용 테이프를 사용해도 좋다.
- 물기가 있는 손톱솔로 털거나 젖은 걸레 등으로 천을 닦아낸다.

개털에는 알레르기를 일으키는 물질이 포함되어 있으므로 알레르기나 천식을 앓고 있는 가족이 있다면 반려견이 가구나 침구류 근처에 접근하지 못하게 하는 것이 좋다. 처음 반려견을 키우기 시작할 때 반드시 이에 관한 규칙을 세워놓아야 한다.

또한 진공청소기에 붙은 개털을 좀 더 효과적으로 제거할 수 있는 도구를 반려동물 용품점에서 구할 수 있다. 가구에 자꾸 개털이 달라붙어서 골치를 앓고 있다면 청소할 때 개털이 카펫이나 가구류에 쌓이는 것을 막아주는 터보 노즐이 부착된 진공청소기를 구입하는 것이 현명하다. 또한 헤파 필터가 있는 진공청소기를 선택하는 것도 고려해볼 만하다. 이런 제품은 청소기 속의 집진드기, 옴진드기, 세균과 같은 미생물이 다시 빠져나오는 것을 막아준다.

❈ 정기적으로 반려견의 털을 빗어줘야 한다. 특히 털이 많이 빠지는 시기에는 더욱 관심을 기울여야 한다. 사진의 브러시는 개털을 솎아내는 도구이다.

> 이렇게 예방해요

매일 반려견의 털을 빗질해준다. 털이 많이 빠지는 시기에는 특별히 철저하게 관리한다. 계속해서 평소보다 털이 많이 빠지면 수의사에게 데리고 가서 피부병이나 호르몬 이상 여부를 검진한다. 수의사와 반려견의 식단을 의논하고 특히 비타민B와 불포화 지방산을 충분히 섭취하고 있는지 확인한다.

# 목욕을 해야 해요

반려견을 너무 자주 목욕시킬 필요는 없지만 일 년에 두세 번만 목욕을 시키는 것은 문제이다. 또한 반려견을 정기적으로 목욕시키는 것이 보호자와의 관계를 굳건하게 만들고 보호자의 위상을 높여준다는 주장도 대두되고 있다. 목욕은 건강상의 이유로도 필수적인 요소이다. 개는 냄새를 풍기기도 하고 더러운 배설물 위에서 구르고 다니기도 하니 위생을 생각해서라도 자주 목욕을 시켜줘야 한다.

### 이렇게 해봐요

몸집이 큰 개는 날씨가 좋을 때 야외에서 목욕을 시키면 간단하게 끝낼 수 있다. 개의 목줄이 가죽 재질이라면 목욕 전에 면이나 부드러운 로프로 만들어진 튼튼한 줄로 바꿔주는 것이 좋다. 애견 전용 샴푸를 사용해서 제품 설명서에 따라 조심스럽게 목욕을 시킨다.

먼저 반려견을 깨끗한 물에 넣은 뒤에 샴푸를 바르고 손가락으로 털

속까지 잘 문지르고 나서 가능하면 정원용 호스나 물뿌리개를 이용해서 깨끗하게 헹구어낸다. 반려견의 몸을 말릴 때는 힘을 줘서 타월로 문지르고, 털이 고운 품종은 헤어드라이어를 이용해서 마무리한다. 일부 수의사는 반려견 눈 주위에 바셀린을 동그랗게 발라서 비눗물이 들어가지 않게 해야 한다고 권유한다. 바셀린을 바르는 대신 머리를 감길 때 손으로 반려견의 눈을 가리는 것도 괜찮다.

궁금한 점이 있다면 브리더나 수의사에게 도움을 구한다. 아무리 관리를 잘하는 반려견도 피부 기생충이 체내에 침입하는 일이 의외로 많다는 것을 명심한다. 시중에 벼룩이나 기타 진드기 등의 체외 기생충을 예방하는 좋은 제품들이 많이 나와 있다. 먼저 수의사와 상담한 뒤에 추천받은 제품을 구입하는 것이 현명하다.

### 반려견 목욕시키는 방법

① 반려견을 목욕시킬 때 너무 뜨겁지 않은 물로 털을 세심하게 적신다. 털에 가르마를 타서 물이 피부까지 잘 스며들도록 한다.

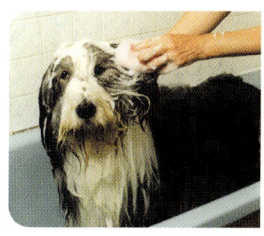 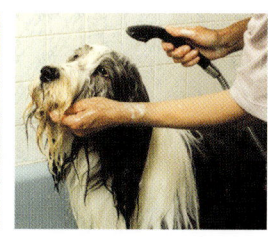 

② 샴푸를 뿌리고 털 속까지 잘 문질러준다. 눈에 비눗물이 들어가지 않도록 주의한다.

③ 물로 비눗물을 철저하게 헹구어낸다. 털에 조금만 비누가 남아도 짜증스러운 가려움을 유발할 수 있다.

④ 먼저 머리 부분의 물기를 제거해서 반려견을 편하게 해준 뒤에 몸통과 다리 순으로 닦아준다.

# 새로운 강아지나 갓난아이, 고양이와 처음 만나요

**이렇게 해봐요**

**새로운 강아지**

확실하게 예방 조치가 되어 있는 환경이라면 대부분의 성견은 새로운 강아지가 집에 들어오면 더 행복해한다.

- 가능한 한 더 어린 강아지를 들여오는 것이 좋다. 강아지는 생후 6주 정도까지만 해도 자신감이 넘치고 무서울 게 없지만 8주가 되면 감수성에 아주 중요한 영향을 미치는 시기에 접어들어 사회화가 훨씬 더 어려워진다.
- 더 나이가 많은 개가 새로 들어온 강아지에게 익숙해지도록 한 뒤에 자유롭게 서로를 알아가도록 시간을 준다. 단, 보호자가 옆에서 감독하고 있어야 한다.

🐾 기존에 반려견을 기르던 집에 새로운 반려동물이 들어오면 초기 사회화 단계 동안은 항상 곁에서 잘 지켜봐야 한다.

- 처음 몇 주 동안은 집을 비울 때 강아지가 안전하게 있을 수 있도록 울타리 안에 넣어두는 것이 좋다. 크레이트나 놀이장을 사용해보자.
- 나이 많은 개의 권리를 보호해준다. 강아지가 나이 많은 개의 장난감, 잠자리, 먹이를 마음대로 차지하지 못하게 한다.
- 나이 많은 개에게 강아지와 동일한 관심을 기울여야 한다. 또 강아지는 나이 먹은 개보다 자주 먹이를 줘야 하는데, 이때마다 나이 많은 개에게도 작은 간식을 준다.
- 큰 개와 강아지가 서로 익숙해지기 전에는 절대로 두 마리만 함께 내버려둬서는 안 된다. 큰 개와 강아지가 잠자리를 같이 사용하면 이는 서로 친해졌다는 증거이다.
- 강아지가 전염병 예방 백신을 접종받기 전에는 나이 많은 개를 다른 개들이 많이 모이는 자리나 개들이 운동하는 장소에 데리고 갈 때 수의사에게 상담을 받는 것이 좋다.

**갓난아이**

관리를 잘한 건강한 개라면 갓난아이에게 질병을 옮길 염려가 거의 없다. 따라서 갓난아이가 태어났다고 해서 지금까지 보호자의 좋은 친구였으며 앞으로 아이에게도 좋은 친구가 될 반려견과 작별을 고하지 않아도 된다.

임신을 하자마자 반려견이 이 새로운 만남에 대비하도록 준비를 시키는 것이 좋다. 출산을 한 후 이런 훈련을 시키는 것은 이미 늦었다는 점을 명심한다.

반려견에게 미리 좋은 습관을 들이고 순종하도록 가르치는 것이 중요하다. 특히 절대로 사람에게 뛰어올라서는 안 된다는 점을 확실하게 인식시킨다. 아이가 태어나면 보호자가 집에 있을 때도 이전에 비해 반려견을 혼자 두는 시간이 많아지겠지만, 충분한 관심을 주도록 노력해

야 한다. 반려견이 미리 아기 침대나 아기용 식사 의자 등에 익숙해지도록 한다. 각별히 주의를 기울여 반려견이 갓난아이와 친숙해지게 하면 질투를 느끼고 해치는 경우는 거의 없다.

### 반려견을 갓난아이에게 소개하는 요령

- 갓난아이가 함께 있을 때 반려견을 보호자 옆에 앉히고 평상시처럼 이야기를 한다.
- 갓난아이의 울음소리는 반려견에게 완전히 새로운 소리이기 때문에 불편하게 느낄 수도 있으므로 미리 대비한다. 아기를 들여다보는 것은 괜찮지만 아기를 건드리거나 침대 혹은 유모차 위로 뛰어올라서는 안 된다는 점을 확실하게 가르친다.
- 반려견이 몸집이 크고 힘이 넘친다면 정기적으로 충분히 운동을 시킨다. 아기를 유모차에 태우고 산책할 때 함께 데리고 다니는 것으로는 부족하다.
- 반려견을 유모차에 묶어놓고 자리를 비우는 것은 아주 위험하다.
- 아기를 핥지 못하게 하되 부드럽게 다가서는 것은 허용한다. 바르게 행동하면 상을 준다.
- 아기가 반려견의 귀나 꼬리를 잡아당기지 못하게 한다.
- 반려견이 아기의 방해를 받지 않고 휴식을 취할 수 있는 장소를 마련해준다.
- 아기가 기어 다니는 시기에는 절대로 반려견과 아기만 남겨둬서는 안 된다. 특히 반려견이 몸집이 큰 경우는 장난을 칠 때 힘이 넘친다는 점을 명심한다.
- 아기가 반려견의 밥그릇 주변에서 놀거나 기어 다닐 때 혼자 두는 것은 아주 무모한 짓이다. 반려견에게 따로 먹이를 주고 남은 음식은 즉각 치워버린다.
- 잠시라도 방을 비워야 할 때는 아기 혹은 반려견을 데리고 나간다. 나중에 후회하지 않으려면 미리 안전 조치를 취하는 것이 좋다.
- 반려견에게 자신과 아기의 장난감을 구분하도록 가르친다.
- 수의사의 조언에 따라 추천받은 구충제를 먹여서 반려견의 기생충을 없앤다.

**새로운 새끼 고양이**

평소에 낯선 고양이를 경계하며 쫓아다니던 개라도 얼마든지 집고양이를 좋아하게 될 수 있다. 새끼 고양이를 집에 들여오기 전에 미리 사려 깊게 계획을 세우고 실천하는 것은 이들의 관계에 튼튼한 기초를 세우는 셈이다.

- 새끼 고양이를 안을 들여다볼 수 있게 되어 있는 바구니에 넣어서 집으로 데려온다. 그러면 개는 새로운 만남을 지켜보며 상황에 익숙해질 수 있다.
- 새끼 고양이에게 탈출 경로를 확보해줘서 개가 접근할 수 없는 안전한 장소에서 휴식을 취하도록 해준다.
- 고양이 화장실과 먹이는 반려견이 건드리지 못하는 곳에 둔다. 개는 고양이의 대변에 많은 관심을 갖는다.
- 고양이와 개가 서로 존중하는 관계가 형성되었다는 확신이 들기 전

일반적으로 같은 집에 사는 강아지와 새끼 고양이는 자라면서 아주 좋은 친구가 된다. 그러나 서로를 알아가기 시작하는 초기 단계에는 유의해서 잘 감시해야 한다.

에는 둘만 남겨두지 않는다.
- 새끼 고양이는 대부분의 개 한 마리 정도에는 충분히 맞설 수 있지만 여러 마리가 한꺼번에 덤비면 심각한 위험에 처할 수 있다.
- 마지막으로 개가 고양이를 상대로 올바른 행동을 했을 때는 칭찬을 해주고 맛있는 먹이를 상으로 준다. 그러나 고양이를 쫓아다니거나 고양이의 물건을 뺏으려 하면 즉시 야단을 친다.

### 원래 키우던 큰 고양이

다 자란 반려동물은 다양한 형태로 가정에 영향을 미치게 되는데, 새로운 동물이 들어왔을 때 어떻게 반응할지를 정확하게 예측하기란 불가능하다. 대체로 고양이들은 처음에는 서먹서먹하고 부루퉁한 자세를 유지하지만 대부분은 상황을 받아들이고 곧 새로 들어온 동물과 잠자리를 함께 사용한다. 일부 고양이는 집 안에 변화가 일어나면 불쾌함을 표현하려고 실내에 소변을 보기도 하니 대비해야 한다. 이럴 경우에는 수의사와 상의해 대처 방법을 듣는 것도 좋은 방법이다.

새로운 동물이 오기 전에 적절한 준비를 해두는 것은 두 동물들이 많이 다투지 않고 빠른 시간 안에 좋은 관계를 형성하도록 돕는 방법이다.

- 강아지가 새로 오기 훨씬 전부터 고양이 화장실과 먹이 그릇을 강아지가 접근하지 못하는 곳에 놓아둔다.

- 높은 곳에 고양이가 앉을 자리를 마련해준다.
- 고양이에게 벼룩이나 귀 진드기처럼 개에게 옮길 수 있는 기생충이 있지 않은지 잘 확인한다.

# 물건을 자꾸 씹어요

강아지는 천성적으로 무언가를 씹어야 하며 이 상태는 생후 4~6개월에 정점에 달한다. 심각하게 대두되는 이 문제를 해결하기 위해 가장 좋은 방법은 개가 씹을 수 있는 장난감을 두세 개만 주는 것이다. 씹는 물건으로 낡은 슬리퍼나 브러시는 피한다. 개는 낡은 물건과 새 신발 혹은 사용이 가능한 브러시를 구분하지 못하므로 이런 물건을 씹는 습관이 들면 결국 새 물건까지 다 망쳐놓게 된다. 따라서 반려견이 씹을 수 있게 주는 물건은 가정에서 사용하는 물건이 아니어야 한다.

**이렇게 해봐요**

이러한 문제를 해결하기 위해서는 행동을 통제할 방법이 필요하다. 반려견이 함정에 빠질 만한 상황을 설정해놓고 몰래 지켜보고 있다가 물건을 씹기 시작하면 즉시 콩 주머니 혹은 이와 비슷한 물건을 던져 주의를 준다.

강아지에게 껍질을 벗긴 단단한 통나무 등을 줘서 씹게 하는 것도 좋다. 통나무의 길이는 15~25cm 정도가 적당하며, 지름은 반려견의 몸집에 맞게 선택하면 된다. 또는 삼킬 수 없는 크기에 모서리가 날카롭지 않은 씹기 전용 제품을 주는 것도 좋다. 반려견이 가구를 씹으려고 할 때마다 씹기 전용 껌이나 통나무 등으로 관심을 돌린다. 이런 방법이 모두 실패로 돌아가면 다른 일을 하는 동안은 크레이트에 잠깐 동안 가둬놓는 방법도 고려해본다.

마지막으로 물건에 뿌려놓으면 반려견이 씹는 것을 방지해주는 스프레이를 반려동물 용품점에서 구입할 수 있다. 비싼 제품은 상당히 효과가 있지만 저렴한 제품들은 효과가 없는 것이 많다. 어쨌거나 장기적으로 봤을 때는 이런 제품에 의존하는 것보다 물건을 씹는 버릇은 좋지 않고 이 같은 행동은 상을 받지 못한다는 점을 반려견이 확실히 인식하도록 훈련시키는 것이 좋다.

❖ 반려견이 소중한 가구를 너덜너덜해질 때까지 씹어놓으면 누구나 화가 날 것이다. '마법의 체벌'은 부적절한 물건을 씹으려는 반려견을 막는 데 아주 효과적인 방법이다.

# 털 손질을 거부해요

**강아지**

강아지는 털이 거의 나지 않았더라도 새 집에 온 첫날 몸 구석구석을 검진해야 하며, 이때 거부 반응을 보이지 않고 가만히 있도록 가르친다.

털을 손질할 때는 반려견을 바닥이나 탁자 위에 올려놓는다. 탁자 위에 올려놓을 경우에는 반려견이 미끄러지는 것을 방지하고 발로 움켜쥘 수 있도록 적당한 물건을 깔아주는 것이 좋다. 뒷면에 미끄럼 방지 고무가 달린 낡은 카펫을 사용하는 것이 가장 좋다. 이렇게 탁자 위에서 털을 다듬어주면 허리를 구부리지 않아도 되기 때문에 훨씬 수월하다.

정기적으로 털을 손질해주면 엉킨 털을 풀기 위해 오랫동안 힘들게 작업할 일이 없어진다. 특히 털을 손질할 때 올바른 도구를 사용하면 과정도 훨씬 쉬워진다. 혈통 좋은 개를 분양받았다면 전

보호자와 상담해보는 것도 좋다. 혹은 반려동물 용품점이나 손질을 전문으로 하는 곳에 조언을 구하면 반려견의 품종과 털에 가장 적합한 도구를 구할 수 있을 것이다.

반려견이 잘 따르면 간식을 주며 칭찬해주고, 으르렁거리거나 호들갑을 떨면 효과적인 방법으로 야단쳐야 한다는 점을 명심한다. 이런 상황에서 반려견이 못된 행동을 하거나 물려고 하면 지배/복종 훈련을 처음부터 다시 실시한다.

**성견**

성견이 털 손질을 거부하는 것은 일반적으로 지배력을 발휘해 보호자보다 우위에 서려는 시도로 볼 수 있다. 물론 반려견의 몸에 상처가 났거나 귀에 통증이 있거나 관절염이 있는 등 건강상의 이유로 털을 손질하는 과정에서 통증을 느끼는 경우도 있다. 만약 후자에 해당하고, 특히 평소에 아주 얌전했던 반려견이 갑자기 이런 반응을 보인다면 원인을 찾기 위해 노력해야 한다. 또한 필요한 경우 수의사의 도움을 구해야 한다.

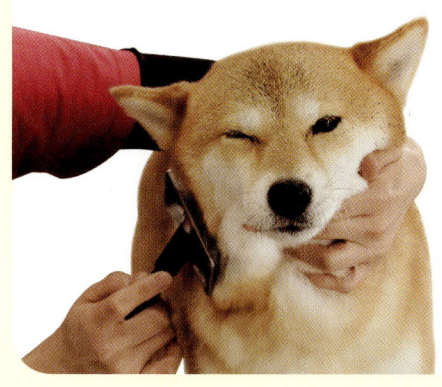

✿ 정기적으로 털을 손질하는 것은 보호자와 반려견의 관계를 더욱 굳건하게 만드는 데 큰 효과가 있다. 또한 반려견의 몸에 수의사에게 보여야 하는 혹이나 상처 등이 없는지 확인하는 좋은 기회이기도 하다.

> 이렇게 해봐요

- 건강상의 문제점을 찾아 치료한다.
- 지배/복종 훈련을 통해 보호자로서의 위상을 강화한다.
- 털 손질에 지나치게 열성을 기울이지 않았는지 생각해보고 횟수를 조금씩 줄인다. 가장 먼저 털 손질 도구가 너무 날카롭거나 거슬리지 않는지 점검해본다.
- 처음에는 등과 같이 반려견이 거부감을 느끼지 않는 부위를 중심으로 손질하다가 점차 더 민감하게 반응하는 부분으로 옮겨간다. 실수하지 않도록 조심하고, 혹시 실수를 해서 개가 거부감을 보인다면 다시 한두 단계 앞으로 돌아간다.

# 약을 안 먹으려고 해요

처음 강아지를 들여올 때부터 알약을 주는 연습을 하는 것이 중요하다. 맛있어서 강아지들이 먹기 좋아하는 작은 비타민, 미네랄 보충제라도 가끔씩 목구멍으로 넣어주는 것이 좋다. 그러다 보면 반려견에게 약을 주는 기술을 자연스럽게 습득하게 되며 이는 언젠가 아주 유용하게 쓰일 것이다.

약은 조각을 내서 음식에 뿌리거나 다른 방법으로 숨겨서 먹이는 것보다 통째로 먹게 했을 때 훨씬 효과가 좋다. 약을 잘 안 먹으려고 하는 개에게 효과적으로 대처하는 방법을 소개하고자 한다. 다음의 방법은 오른손잡이를 염두에 둔 것이다. 왼손잡이는 반대쪽 손을 사용하면 된다.

**이렇게 해봐요**

❶ 약간 오른쪽으로 비켜서 반려견 앞에 서고 반려견의 왼쪽 몸통을 벽이나 단단한 물체에 붙여놓는다.

❷ 왼손을 컵 모양으로 만들어 반려견의 주둥이 주위를 잡고 열육치(첫 번째 아래 어금니) 바로 앞과 입 윗부분 양쪽에 있는 송곳니 뒤 사이의 공간으로 입술을 눌러서 위쪽 주둥이를 벌린다. 이때 입술이 양 옆에 있는 윗열육치를 덮고 있어야 한다. 그러려면 엄지손가락으로 한쪽을, 집게손가락과 가운뎃손가락으로 다른 쪽을 잡고 있어야 한다. 이렇게 하면 개의 입술 덕분에 손가락을 물리지 않을 수 있다.

❸ 반려견의 주둥이를 잡은 상태에서 오른손의 엄지손가락과 집게손가락, 가운뎃손가락으로 약을 든다. 반려견의 머리를 위아래로 흔들며 입을 넓게 벌리고 오른손 약손가락으로 아래쪽 앞니를 누르면서 입을 크게 벌리게 한다. 가능하면 입 안쪽을 겨냥해서 약을 목구멍 가운데로 던져 넣는다. 약이 제자리에 들어가면 삼킬 수밖에 없게 된다.

❹ 입을 손으로 잡고 있다가 반려견이 약을 삼킨 뒤에 칭찬을 하며 놓아준다. 이렇게 하면 힘들게만 느껴졌던 약 먹이기 과정이 간단하게 끝난다.

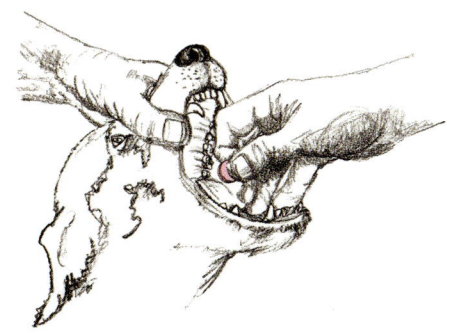

🐾 어떤 보호자들은 반려견에게 약을 먹일 때마다 당황한다. 그러나 전혀 그럴 필요가 없다. 여기에서 설명한 방법을 잘 따르기만 하면 간단하게 끝낼 수 있다.

# 사람이 많은 모임에 가야 해요

크리스마스나 새해 혹은 생일 같은 때는 여러 사람과 반려동물들이 모여 즐거운 시간을 보낸다. 아래 주의 사항에 따라 예방 조치를 취하면 반려견이 문제를 일으키는 것을 막을 수 있고 모임의 분위기를 망칠 걱정도 없어진다.

**이렇게 해봐요**

- 남은 닭 등을 반려견에게 줄 때는 뼈가 남아 있는지 반드시 확인한다. 날카로운 뼛조각은 소화 기관에 박히기 쉽다. 또한 잘게 씹은 뼈는 심각한 변비를 일으킬 수도 있다.
- 알루미늄 포일이나 랩, 작은 장난감, 폭죽 등을 주변에 늘어놓지 않도록 주의한다. 반려견이 이런 물건을 삼킬 경우 소화관에 박혀서 제거 수술을 해야 하는 사태가 발생한다.
- 고무줄은 반려견의 혀에 붙을 수 있고, 아이들이 반려견의 발이나

꼬리에 묶어놓는 장난을 칠 수도 있다. 이럴 경우 치명적인 문제로 발전할 수 있으니 발견한 즉시 버린다.
- 크리스마스트리 전구에 달린 전선이 튼튼하게 설치되었고 플러그에 제대로 꽂혔는지 꼭 확인한다.
- 탁자 위 전등이나 크리스마스트리의 전구를 켜놓은 방에 반려견을 혼자 두고 외출하지 않는다.
- 반려견에게 간식을 너무 많이 주거나 평소보다 훨씬 많은 먹이를 주어서는 안 된다.
- 반려견에게 간식으로 초콜릿을 주거나 반려견이 건드릴 수 있는 곳에 초콜릿을 놓아두지 않는다. 초콜릿에는 아주 적은 양이라도 개에게 아주 치명적인 테오브로민이 함유되어 있다.
- 반려견이 시끄러운 소음이나 불빛에 공포증을 가지고 있다면 적절한 예방 조치를 취해놓는다.

# 화상을 입었어요

반려견도 사람과 마찬가지로 뜨거운 물이나 불 등에 의해 화상을 입기도 한다. 이때 제대로 대처해야 피해를 최소화할 수 있다.

**이렇게 해봐요**

- 상처 부위의 털을 부드럽게 잘라낸다. 생각보다 상처 부위가 더 넓을 수도 있다.
- 찬물을 적신 수건이나 얼음 조각을 올려서 염증을 줄이고 조직에 손상이 가는 것을 막으며 통증을 줄여준다.
- 상처 부위를 만지는 것을 반려견이 강하게 거부하더라도 놀라지 않

도록 한다.
- 끓는 우유나 잼과 같이 물에 녹는 유동성 물질로 인한 화상이라면 차가운 물로 충분히 물질을 제거할 수 있다.
- 뜨거운 기름이나 지방 성분에 의한 화상이라면 즉시 해당 물질을 제거해야 한다. 물질이 털가죽에 달라붙어 열이 빠져나갈 구멍을 막는 것을 예방하는 것이다. 이런 경우에는 먼저 순한 세제를 사용해서 지방을 용해시킨 뒤 차가운 물을 적셔준다.
- 화상의 깊이를 살펴본다. 1도 화상과 2도 화상은 외견상 피부 표피층 아래로는 손상을 입지 않은 경우를 말한다. 3도 화상은 피부층은 물론이고 피부 지방과 근육층까지 손상된 경우이다.

　　만약 2도 화상 이상이라는 생각이 들면 위급한 상황이니 즉시 수의사에게 찾아간다. 상처 부위의 감염 방지와 쇼크에 대한 전문적인 치료가 필요할 수도 있다. 상처가 그리 심각하지 않다면 대부분의 경우 상처 부위를 청결하게 유지하고 하루에 한두 번 정도 소독약을 발라주면 된다. 그러나 반려견이 계속 통증을 호소하거나 조금이라도 의심이 든다면 지체하지 않고 동물병원에 찾아간다.

## 친구를 입양해줄까요?

어떤 사람들은 반려견에게 친구가 있으면 더 행복할 거라고 믿는다. 그래서 반려견을 입양할 때 한 마리보다는 두 마리가 낫다고 생각한다. 그러나 많은 수의사들은 일반적으로 그것이 그리 좋은 생각이 아니라고 주장한다. 그 이유는 다음과 같다.

먼저, 개는 보호자가 충분한 시간과 관심만 기울여준다면 그것으로도 만족한다. 둘째, 반려견을 여러 마리 키우다 보면 아무래도 한 마리만 키울 때보다 각 반려견에게 쏟는 애정이 줄어들 수밖에 없다. 셋째, 여러 마리와 생활하다 보면 더 정이 가는 반려견이 있기 마련인데 이렇게 되면 다른 반려견들이 질투를 느껴 싸움이 끊이지 않는다. 심한 경우 때로는 혈전까지 벌어지게 된다. 반려견들 사이에 질투심이 생기지 않게 하는 방법은 1장의 '006 같이 사는 다른 반려견을 질투해요' 편을 참고하자.

마지막으로 꼭 주의해야 할 점이 있다. 일반적으로 한집에서 반려견 두 마리를 키우면 반려견들은 일단 보호자를 우두머리로 생각하고 그

아래로 자기들끼리 서열을 정한다. 보호자가 있는 자리에서는 아무 문제도 일어나지 않겠지만, 보이지 않으면 안 좋은 일이 생길 수 있다. 보호자가 없거나 적절한 통제가 이루어지지 않는 상황에서 난폭하게 구는 개들이 어린이나 다른 반려견 혹은 고양이를 덮쳐 치명적인 상처를 입히는 경우가 발생할 수 있다.

결론적으로 일반적인 상황에서는 관심을 온전히 쏟아부어 올바르게 행동하고 말을 잘 듣는 개로 키울 수 있다는 점에서 반려견은 한 마리만 키우는 것이 낫다. 따라서 다른 반려견을 들여와서 이런 질서를 깨트리는 모험을 감수할 필요는 없다고 조언한다. 이는 보호자와 반려견 모두에게 대단히 중요한 부분이다.

🐾 반려견을 여러 마리 키울 때 한 마리를 편애하면 질투심이 폭발해서 아주 심각한 싸움이 일어날 수 있다. 집에 새로운 반려견을 들여오면 초반에는 둘 사이에서 서로 우위를 차지하려고 치열한 접전이 벌어질 수 있다는 점을 각오해야 한다.

# 초콜릿을 통째로 먹었어요

초콜릿에는 개의 뇌와 심장, 호흡 기관을 자극하는 테오브로민이라는 치명적인 물질이 들어 있다. 테오브로민의 함유량은 초콜릿마다 다르다. 이 성분은 밀크 초콜릿에 가장 적게 포함되어 있으며, 다크 초콜릿에는 밀크 초콜릿의 약 6배가 포함되어 있다. 코코아 파우더에는 이보다 더 많은 양이 포함되어 있으며, 코코아 열매의 껍질에 가장 많이 포함되어 있다.

체중이 10kg 정도인 닥스훈트나 웨스트 하이랜드 화이트 테리어를 예로 들어보자. 이들은 큰 밀크 초콜릿 두 개 반, 작은 다크 초콜릿 4분의 3, 250g짜리 코코아 파우더 4분의 1, 코코아 껍질의 경우 네 큰술(테이블스푼 15ml) 정도만 섭취해도 치명적인 영향을 받을 수 있다.

반려견에게서 초콜릿 냄새가 풍기면 하루 동안 잘 관찰해본다. 구토, 계속되는 갈증, 흥분, 타액 분비와 같은 증상이나 서 있을 때 자세가 불안정하면 서둘러 수의사에게 도움을 청해야 한다.

무엇보다도 치료보다 예방이 우선이다. 가장 좋은 방법은 초콜릿 성분이 전혀 포함되지 않은 애견 전용 초콜릿 과자를 주는 것이다. 또한 반려견을 키우는 집에서는 반드시 코코아 껍질이 포함되지 않은 정원용 퇴비를 사용해야 하며, 초콜릿이 함유된 모든 제품을 안전하게 보관해야 한다.

# 사람이 먹는 약을 삼켰어요

모든 상황을 잘 살펴서 반려견이 정확히 어떤 약을 먹었는지를 파악하고, 가능하면 삼킨 양도 알아낸다. 반려견을 즉시 수의사에게 데리고 가서 일어난 일을 상세하게 설명하고 관련 약품의 포장지나 반려견의 토사물을 보여준다.

수의사의 조언을 정확하게 따르고 집 안의 모든 약품 혹은 독성 물질을 반려견이 손댈 수 없는 용기에 담아서 잘 보관한다.

## 감전돼서 의식을 잃었어요

먼저 가전제품의 전원부터 차단한다. 그럴 수 없는 상황이라면 손으로 반려견을 만지지 말고 손잡이가 긴 나무 빗자루 등으로 반려견을 전기가 흐르는 곳에서 멀리 밀어놓는다.

  그다음에 필요한 것은 재빠른 응급처치다. 기도가 막히지 않도록 반려견의 혀를 빼놓는다. 옆으로 누이고 약 5초 간격으로 가슴을 압박하면서 호흡을 유도한다. 반응이 없으면 입과 코를 통해 인공호흡을 해야 한다. 가능하다면 동물병원으로 이동하는 중에 계속 인공호흡을 시도한다. 휴대전화로 사고 경위와 도착 예정 시간을 수의사에게 미리 알려놓는 것이 좋다.

  보다 자세한 응급처치 방법은 다음 장의 그림과 설명을 참고한다.

① 손잡이가 긴 빗자루나 나무 막대기로 반려견을 전기가 흐르는 곳에서 안전하게 밀어놓는다.

② 입 속에서 혀를 빼내고 머리를 반듯하게 놓아 기도가 막히지 않게 한다.

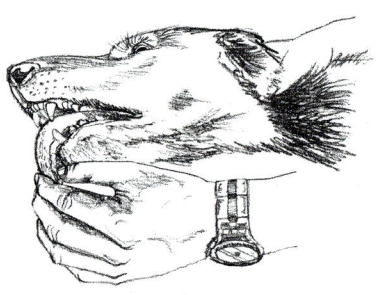

③ 약 5초 간격으로 반려견의 가슴을 주기적으로 압박해서 다시 호흡을 하도록 유도한다.

④ 3에서 효과가 없으면 반려견의 코를 통해서 폐에 공기를 불어넣는다. 4~6초 정도의 간격으로 반복한다.

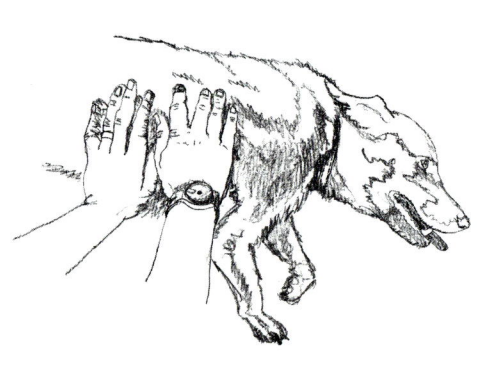

## 어떤 먹이를 줘야 하나요?

개의 성장을 돕는 식품은 다음과 같이 다양하다.

- 캔에 든 조리 식품이나 봉지에 담긴 건사료 등 시중에 판매되는 제품
- 고기, 시리얼, 사람이 먹고 남긴 음식이 포함된 집에서 만든 먹이
- 위의 먹이에 섞어서 주는 상품

보통 대부분의 수의사는 집에서 만들어주는 것보다 판매되는 제품에 필요한 영양분이 균형 있게 들어가 있다고 조언한다. 따라서 잘 알려진 회사에서 생산한 제품을 구입해서 먹이는 것이 더 좋다. 이런 식품들은 개의 입맛에 잘 맞고 소화가 잘되며 에너지 밀도가 적합해 지나치게 배를 채우지 않아도 충분한 열량을 얻을 수 있다. 또한 이런 먹이는 일정하게 먹이를 줄 수 있으며 안전하고 편리하다.

하지만 남은 스튜나 먹지 않은 스크램블드에그, 혹은 생선(뼈가 들어가지 않도록 주의해야 한다)을 버릴 바에야 반려견의 먹이에 조금씩 첨가

해서 주는 것도 괜찮다. 단, 사람이 먹는 음식을 줄 때는 하루 먹이의 전체량에서 10퍼센트를 넘기지 않도록 주의한다. 이렇게 사람의 음식을 첨가한 먹이를 먹는 개들은 어떤 상황에서도 음식 투정을 하지 않고 다른 형태의 먹이를 바로 먹는다는 이점도 있다. 그러나 이러한 방법은 과용하지 않도록 신경 써야 한다.

많은 수의사들은 특히 완전 건사료를 주는 것이 대부분의 경우 최상의 방법이라고 조언한다. 이런 식품은 먹이를 주기 편리하고 보관이 쉬우며 간단하게 정해진 양을 줄 수 있기 때문에 낭비도 없다. 건사료는 반려견이 먹다가 남겨도 파리가 끓지 않으며 반려견을 데리고 휴가를 가거나 오랫동안 외출할 때도 편리하다. 그에 비해 캔이나 봉지에 든 먹이는 한 번에 전부 먹지 않을 경우 어쩔 수 없이 냉장고에 보관해야 한다.

🐾 일반적으로 수의사는 반려견에게 집에서 남은 음식을 주는 것보다 시중에 판매되는 애견 전용 사료를 사서 먹이는 것이 좋다고 조언한다. 이런 제품은 각 연령에 맞춰 영양 성분을 잘 배합해놓았기 때문에 건강 유지에 도움이 된다.

그러나 앞에서 조언한 내용과 상관없이 개인적인 취향에 따라 선택해도 좋다. 엄격하게 정해진 규칙은 없으며 어떤 먹이가 옳고 그르다고 확실하게 규정할 수 없다. 더구나 새로운 제품들이 계속 개발되고 있으므로 필요하다면 수의사, 간호사, 제품 판매자 등과 각 제품의 장단점에 대해 상담을 거쳐 스스로 평가하도록 한다. 잘 알려진 회사의 제품들은 이런 면에서 믿을 만하다고 인정받고 있다.

현재 사용하고 있는 방법이 무엇이든 가장 중요한 것은 좋은 질의 사료와 믿을 만한 브랜드를 선택하는 것이다. 또한 반드시 사용 설명서에 있는 지시 사항에 따라 먹이를 주어야 한다.

단, 강아지에게 애견용 우유가 아닌 일반 우유를 먹이는 것은 바람직하지 않고 성견이라도 소화불량을 일으킬 수 있기 때문에 적당량만 먹여야 함을 명심한다. 만일 반려견에게 먹이를 주는 방법에 관해 의문이 생긴다면 브리더나 수의사에게 조언을 구하는 것이 좋다.

❀ 인터넷상에는 반려견 먹이에 관한 수많은 조언이 난무하고 있다. 그러나 그런 정보에는 근거 없는 개인적인 생각이나 편협한 의견이 섞여 있을 가능성이 높다. 또한 상세한 설명이 나와 있지 않아 각자의 특정한 상황에 맞지 않을 수도 있다. 따라서 자신의 상황에 맞게 올바르게 취사선택해야 한다.

# 발정기인데 집 안에
# 수컷 반려견이 있어요

잠시 혹은 영구적으로 이를 방지할지에 관해 수의사와 의논한다. 암컷은 건강상으로도 중성화 수술을 해주는 것이 좋다. 수컷에게 중성화 수술을 해주면 많은 면에서 효과적이지만, 그 뒤로도 계속 짝짓기 행위를 지속할 가능성이 있다. 이러한 면에서만 보자면 중성화 수술의 효과는 최대 70퍼센트에 불과하다.

반려견이 감시망을 벗어나서 짝짓기를 했다는 생각이 들면 3장의 '112 실수로 짝짓기를 해버렸어요' 편을 참고한다. 또한 암컷 반려견이 예정에 없던 임신을 했다면 3장의 '113 원치 않는 임신을 했어요' 편을 참고한다.

# 암컷이 생리를 해요

발정기에 이른 암컷의 출혈량은 개마다 다양하다. 일부 암캐는 발정기가 되면 평소보다 자주 몸을 핥아서 별문제가 되지 않는다. 그러나 이처럼 꼼꼼하게 관리하지 못하는 암컷도 많다.

### 이렇게 해봐요

- 발정기가 된 암컷은 쉽게 닦아줄 수 있는 장소에 잠시 격리해둔다.
- 가구와 비슷한 색의 낡은 면으로 가구를 덮어놓는다.
- 번식 계획이 있는 암컷이 아니라면 중성화 수술로 난소를 제거해 발정기 때마다 겪는 번거로움을 없애는 방법도 고려한다.

# 날카로운 이빨로 손을 물어요

많은 사람들이 일부러 손을 내밀어 강아지가 물게 하는 것을 좋아한다. 하지만 혈관이 두드러져 있거나 연약한 피부를 가진 노인들은 큰 상처를 입을 수도 있으니 주의해야 한다.

**이렇게 해봐요**

즉각적으로 주둥이를 탁 치며 "안 돼"라는 명령어를 사용해서 강아지의 행동을 멈추게 한다. 그 대신 씹을 수 있는 물건을 준다. 다른 가족과 손님들에게는 손을 무는 버릇을 조장하지 말라고 일러둔다.

# 강아지가 사람의 얼굴을 핥아요

사람들은 이러한 버릇에 다양한 반응을 보인다. 일부는 강아지가 자신을 인정하고 잘 따른다는 증거로 보고 아주 좋아한다. 반면 위생적으로 용납할 수 없으며 강아지에게서 병이 옮을 수도 있다는 점에서 거부 반응을 보이는 사람도 있다.

일반적으로는 보호자로서의 위상을 강화하는 것과 더불어 이런 행동을 하는 순간 "안 돼"라고 말하며 코를 가볍게 치는 것과 같은 가벼운 벌을 주는 것이 좋다. 강아지가 사람들의 얼굴에 접근하기 전에 재빨리 피하고, 손님들에게도 강아지가 이런 행동을 하는 것을 조장하지 말라고 당부한다.

🐾 애정을 과시하고 싶더라도 어린 반려견이 사람의 무릎에 올라타고 얼굴을 핥는 버릇은 금지하는 것이 좋다. 손님들이 이를 불쾌하게 생각할 수 있으며 어린아이들은 이런 과정에서 넘어질 수도 있다.

# 목걸이와 목줄을 싫어해요

처음으로 강아지를 데리고 오면 작고 부드러운 목걸이를 사서 잠깐씩 채워놓는 것이 좋다. 이때 강아지의 반응을 잘 살펴서 불편해하는 것 같다면 목걸이를 긁어대거나 불안해하기 전에 벗겨준다. 나중에 이 훈련을 다시 반복하고 좀 더 오랫동안 참으면 칭찬을 해준다.

강아지가 자라면 몸집에 맞춰서 점차 더 큰 목걸이를 구입한다. 크기별로 두세 개 정도를 미리 구입해놓는 것이 좋다. 목걸이는 편안하게 잘 맞아야 하며 너무 헐거워서 쉽게 빠지거나 튀어나온 물건에 걸려서는 안 된다. 반려견의 품종에 따라 맞는 목걸이가 있으므로 분양해준 사람에게 확인해두는 것이 좋다. 몸집이 크고 털이 짧은 도베르만과 같은 종은 초크 체인도 적합하지만, 다 자란 성견에게만 조심해서 사용해야 한다. 잘못 사용하면 목 주변에 심각한 상처를 입힐 수도 있다.

초크 체인은 개를 적극적으로 훈련시킬 때만 사용해야 한다. 초크 체인을 한 반려견이 혼자 남겨질 경우 줄이 엉키거나 다른 물건에 걸리면 본능적으로 도망가려 하게 되고, 결과적으로 질식사를 유발할 수도 있다. 이는 핀치 체인이나 다른 훈련용 목줄도 마찬가지다. 반드시 보호자가 줄을 잡고 주의해서 사용해야 한다.

젠틀리더(Gentle leader) 목줄은 목둘레가 아니라 턱 끝을 통제하기 때문에, 특히 줄을 잡아당기거나 다른 개를 향해 갑자기 돌진하는 경향이 있는 반려견에게 적합하다. 하네스(가슴에 거는 줄)는 목에 압박이 가해지지 않기 때문에 이 부분에 상처를 입은 개에게 사용하면 유용하다. 이런 제품은 겨드랑이 밑을 압박하기 때문에 반려견이 줄을 잡아당기는 것을 막아주고, 머리에 씌우는 줄을 좋아하지 않는 몸집이 큰 대형견에게도 아주 적합하다.

🐾 하네스(위)와 젠틀리더(아래)는 뒤에서 사람을 따라오도록 훈련시키는 데 유용하다.

> 이렇게 해봐요

"따라와"라는 명령어 훈련을 시키되 이미 목걸이와 줄을 거부하는 버릇이 생겼다면 다음의 방법에 따라서 고쳐본다.

반려견에게 먹이를 주기 직전에 목걸이와 줄을 씌우고, 반려견이 볼 수 있되 멀리 떨어진 방구석에 먹이를 놓는다. 반려견이 먹이를 향할 때 줄을 잡고 있다가 먹는 동안에는 줄을 놓아서 바닥에 끌리게 내버려 둔다. 밥을 줄 때마다 같은 과정을 반복해서 목걸이를 거부하려는 생각을 잊어버리고 목걸이와 줄을 기분 좋은 일과 연계시켜서 생각하도록 유도한다.

# 길거리에서 대변을 봐요

동물보호법에서는 반려견이 배변을 했을 때 배설물을 즉시 수거해야 한다고 규정하고 있다. 소변의 경우에는 많은 사람들이 사용하는 공용 공간이나 기구 외의 공간에서만 허용된다. 즉, 엘리베이터나 계단, 건물 내부의 공용 공간이나 벤치 같은 곳에서 소변을 보았을 경우에는 배설물을 처리해야 한다는 것이다.

### 이렇게 해봐요

공공장소에서 반려견을 운동시키거나 산책을 할 때는 항상 비닐봉지나 반려동물 용품점 혹은 동물병원에서 판매하는 반려견용 배변봉투를 가지고 다녀야 한다. 반려견이 본 대변을 줍는 것을 너무 어렵거나 창피하게 생각할 필요는 없다. 요즘에는 어디에서나 이런 광경을 흔히 볼 수 있다.

또한 인도나 공원 혹은 운동장 주변으로 산책을 나가기 전에 허용되는 장소에서 반려견이 배변할 시간을 미리 주면 길거리에서 대변을 보는 일을 예방할 수 있다.

😺 위와 같은 배변봉투를 사용하면 반려견의 대변을 아주 수월하게 처리할 수 있다. 책임감 있는 보호자라면 반려견이 공공장소를 오염시키게 해서는 안 된다.

# 소변 본 자리에 있는 식물이 죽어요

중성화 수술을 받은 개를 포함한 대부분의 수컷은 정기적으로 소변을 보는 영역에 자신의 흔적을 남기는 경향이 있다. 개들은 주로 노간주나무와 같이 키가 작은 침엽수를 선호하지만 어떤 나무든 상관하지 않는다.

**이렇게 해봐요**

반려견을 잘 관찰하고 있다가 해당 장소로 다가설 때 "안 돼"라고 명령하면 소변을 보는 장소를 바꾸도록 유도할 수 있다. 또는 반려견이 소변을 볼 만한 상황을 만들어놓고 숨어서 기다리다가 잘못을 저지르는 순간 물건을 던지는 방법도 있다. 이는 매우 이상적인 교정법이다. 이미 소변을 본 뒤라면 나무에 많은 양의 물을 끼얹으면 소변 때문에 말라 죽는 것을 어느 정도 막을 수 있다. 만일 식물이 죽었다면 다른 식물을 심지 말고 죽은 나무를 그대로 두거나 그 자리에 표시를 해두자.

# 수영을 안 하려고 해요

대부분의 개들은 꼭 필요한 상황이 되면 본능적으로 수영을 하지만 일반적으로 가장자리가 수직으로 된 인공 수영장에서는 밖으로 잘 올라가지 못한다. 따라서 정원에 수영장이 있다면 반려견을 유심히 지켜봐야 한다. 수영 관련 사고는 수없이 일어난다. 또한 많은 개들이 해변에서 요란한 소리를 내며 밀려드는 파도를 무서워하며, 가파른 강변에서는 강물로 뛰어드는 것을 주저한다.

야외에서 수영을 즐기고 싶다면 물속으로 경사가 완만하게 진 호수나 강에서 반려견이 자신감을 얻을 때까지 얕은 물에서 함께 논다. 반려견에게 수영을 가르쳐 두면 이후 일어날지도 모를 불행한 사태를 막을 수 있다.

## 돌을 삼켜요

많은 강아지들이 자갈을 먹는 습관을 버리지 못한다. 이런 습성은 크게 해롭지는 않지만 가능하면 막아야 한다. 큰 돌을 삼키면 구토가 나올 수도 있으므로 이러한 장면을 목격하면 즉시 수의사에게 데리고 간다. 조치는 재빨리 이루어져야 한다. 일단 돌이 소화 기관으로 들어가면 장폐색을 일으켜 수술을 해야 한다.

한편 반려견 쪽으로 돌을 던지고 주워 오게 하는 놀이를 하는 것은 절대 금물이다. 반려견이 해변의 자갈이나 돌을 주워 먹으려는 기미를 보이면 야단칠 때 사용하는 적당한 물건을 던져서 단호하게 혼을 낸다. 항상 예방이 치료보다 우선이라는 점을 명심하자.

# 자꾸 정원의 흙을 파요

땅을 파헤치는 것은 대부분의 개가 천성적으로 하는 행동이지만 특히 테리어종과 닥스훈트종에게 잘 나타나는 특성이다. 개들은 다음과 같은 이유로 바닥을 판다.

- 중요하게 여기는 뼈나 장난감을 묻으려고
- 땅속에 사는 두더지나 설치류를 잡으려고
- 날씨가 더울 때 누울 시원한 공간을 만들려고
- 더 넓은 세상으로 도망치려고(아마도 암컷을 찾으려는 마음으로)

> 이렇게 해봐요

파서는 안 되는 장소를 파려고 한다면 그 주위로 울타리를 치거나 콘크리트 혹은 돌을 깔아서 반려견이 이런 행동을 할 기회를 차단한다. 반려견이 정원이나 마당에서 혼자 놀고 있을 때 잘 관찰하다가 이런 행동을 하려고 하는 순간을 포착해서 즉시 야단을 친다. 물건을 던져 제재하는 '마법의 체벌'은 이러한 상황에서 대단히 효과적이다.

# 배설물은 어떻게 치워야 하나요?

정원에 떨어진 적은 양의 배설물이나 산책을 하다가 본 배설물 정도는 변기를 통해서 하수구에 흘려보내도 괜찮다. 또한 반려동물 용품점에서 애견 전용 배변패드와 배변판을 구입해도 좋다. 배변패드는 수분을 흡수하기 때문에 반려견이 그 위에서 배변을 하면 접어서 쓰레기봉투에 넣어 버리면 된다. 또한 반려견의 발에 소변 등이 묻지 않도록 플라스틱 그물망이 있는 배변판을 사용하는 것도 좋은 방법이다.

성견의 배설물은 거름 더미에 버려도 되지만 회충이나 촌충의 알이 섞여 있을 가능성이 조금이라도 있을 때는 삼가야 한다. 거름 더미에서 기생충 알을 죽일 만한 열이 충분히 발생되지 않기 때문이다.

강아지의 대변은 많은 양의 신문지로 싸서 다른 가정용 쓰레기와 함께 버려야 한다. 최근에 구충제로 기생충을 없애지 않았다면 배설물에 회충의 알이 포함되어 있을 가능성이 아주 높다. 개 회충은 사람에게도 전염된다.

# 길을 잃었는데 못 찾아와요

우리나라에서는 2014년부터 생후 3개월 이상의 개를 대상으로 한 동물등록제가 시행되었다. 개를 소유한 사람은 일부 지역을 제외한 전국 시, 군, 구청에서 반드시 동물등록을 해야 한다. 동물병원에서 내장형 마이크로칩을 삽입하거나 외장형 마이크로칩을 부착할 수 있고, 또는 등록인식표를 부착해야 한다. 등록을 마치면 반려견의 등록번호와 보호자의 인적사항이 적힌 동물등록증이 발급된다.

만약 반려견을 잃어버리면 동물보호관리시스템에서 이러한 등록 정보를 이용해 반려견을 보다 쉽게 찾을 수 있게 되었다. 동물보호관리시스템 홈페이지에서 손쉽게 반려동물 분실 신고를 할 수 있고, 각 지역의 동물보호센터나 동물병원에서 보호 중인 동물의 사진과 정보를 확인할 수도 있다.

만약 산책 중에 반려견을 잃어버렸다면 걸어왔던 길을 따라서 처음 출발했던 지점으로 다시 돌아가 보자. 반려견이 보호자의 냄새를 맡고 뒤따라올 수도 있다. 반려견은 보통 처음에 차를 세워놓은 장소로 다시

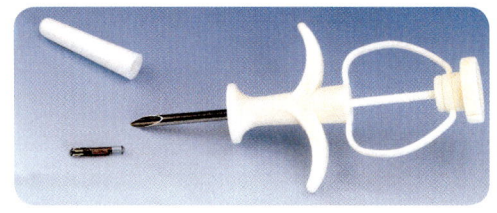

🐾 달마티안(달마시안)의 목 피부 아래에 마이크로칩을 삽입하고 있다. 사진에 칩과 삽입기의 모습이 나와 있다.

돌아와서 기다리고 있을 확률이 크다. 특히 잃어버린 장소가 숲속인 경우라면 많은 개들은 길을 잃어버린 지점과 가까운 장소에서 조용히 기다리는 경향이 있다.

**이렇게 해봐요**

반려견이 마지막으로 목격된 장소에 아침 일찍 혹은 해질녘에 찾아가서 얼마 동안 조용히 기다려보자. 개는 가만히 서 있는 것보다 움직이는 물체를 더 잘 볼 수 있으므로 천천히 주변을 걸어 다니고 반려견의 이름을 반복해서 부른다. 혹은 반려견에게 익숙한 개를 데리고 가는 것도 도움이 된다. 잃어버린 반려견이 수컷이라면 발정기에 이른 암컷을 데리고 가면 효과가 좋다.

멀리 떨어진 경찰서를 포함해서 여러 곳에 따로 신고를 하고, 부상을 입었을 경우에 대비하여 동물병원에도 알린다. 동물구조대와 관련 단체에도 도움을 청한다. 반려견을 찾을 사람들을 조직하되 너무 열성적인 사람들, 특히 어린이들이 많으면 오히려 개가 겁을 먹고 멀리 달아나는 부작용이 생길 수 있다는 점을 명심한다.

반려견에게 항상 이름, 주소, 전화번호가 뚜렷하게 적힌 이름표를 달아주고 시간이 지나 이름표가 낡으면 새로 바꿔준다. 글씨가 잘 안 보이는 오래된 이름표는 아무런 쓸모가 없다. 휴가를 떠날 때는 휴가지의 주소를 적어 넣을 수 있는 이름표를 새로 준비한다.

❖ 반려견에게 튼튼한 이름표를 달아준다. 이름표 한쪽 면에는 전화번호를 읽기 쉽고 또렷하게 써놓아야 반려견을 발견한 사람이 연락을 취할 수 있다.

# 반려견을 도둑맞았어요

자동차나 집 마당 혹은 가게 밖에 묶어놓았던 혈통 좋은 강아지나 성견을 도둑맞는 사태가 늘어나고 있다. 영국, 미국, 독일, 일본 등 반려견 보험 가입률이 높은 나라에서는 반려견을 도난당할 경우 보험사로부터 보상을 받을 수 있는 상품도 많다. 이런 상품들은 반려견을 찾을 때 필요한 광고비와 보상금 중 일부도 변제해준다. 우리나라에서는 보상의 폭이 좁다는 한계 때문에 반려견 보험의 가입률이 매우 낮은 수준이지만 이 점이 개선된다면 가입률은 점차 높아질 것으로 전망된다. 그러나 반려견을 도둑맞고 슬픔에 젖은 보호자들에게는 위로가 될 수 없을 것이다.

반려견이 눈에 띄지 않으면 먼저 경찰서와 동네 동물병원, 혹은 관련 단체에 연락해서 누군가 반려견을 발견하지 않았는지 확인하자. 반려견을 도둑맞았다는 것이 확실해지면 반려견의 사진과 모습을 구체적으로 적은 글이 실린 전단지를 만드는 것도 좋은 방법이다. 가능하면 넓은 지역에 전단지를 배포하고 게시판에 붙인다. 또 앞서 이야기한 것처럼 동물보호관리시스템 홈페이지에서 분실 신고를 하고, 센터에서 보호 중인 동물 중에 자신의 반려견이 있지는 않은지 확인해보자.

보상금을 걸되 '반려견만 돌려주면 아무 질문도 하지 않겠다'는 문구를 게재하는 것은 도둑의 죄를 묵인해주는 것이므로 바람직한 방법은 아니다.

반려견이 탈출을 하거나 도둑이 반려견을 놓아줘서 집에 돌아오는 데 며칠에서 몇 주까지 걸릴 수도 있으므로 다시 만날 수 있다는 희망을 버리지 않도록 한다.

❋ 잠깐 가게에 들어갔다 나올 생각으로 울타리나 가로등에 반려견을 묶어놓는 경우가 많다. 하지만 안타깝게도 돌아왔을 때 반려견이 사라져버리는 경우가 종종 있다.

# 다른 반려견과 싸워요

반려견이 우연히 만나는 다른 개들을 위협하면 얼마 지나지 않아 주변 이웃들 사이에 악평이 널리 퍼지게 될 것이다. 이는 보호자가 주로 겪게 되는 걱정거리인 동시에 창피한 일이기도 하다. 반려견을 위한답시고 변명을 늘어놓아서는 안 된다. 반려견에게 문제가 있다는 점을 인정하고 이를 고치기 위해 대책을 세워야 한다.

높은 서열을 차지하려고 싸우는 것은 개들의 본능적인 습성이다. 반려견이 이런 경향을 가졌다면 보호자로서의 위상을 확실하게 보여줘야 한다. 이런 반려견의 경우, 노약자 등과 같이 반려견을 통제할 수 없는 사람이 밖으로 데리고 나가서는 안 된다.

공원 등의 공공장소에서 산책을 시키는 것을 피하고, 밖에 데리고 나갈 때는 되도록 사람들이 없는 시간대를 고른다. 또한 "저리 가"라는 명령어에 잘 따르도록 훈련시키는 것이 아주 중요하다. 이 명령에 복종하면 상이 따른다는 사실을 인식시킨다. 혹시 다른 개가 다가오면 싸움이 벌어지기 전에 반려견에게 "저리 가"라고 말한다. "앉아"라고 명령하고

　명령어에 즉시 바르게 응하면 후하게 상을 준다.
　일단 싸움이 벌어지면 즉각 대응해서 개들을 떼어놓아야 한다. 그러나 보통 싸움을 벌이는 개들은 보호자가 막대기로 때리거나 줄을 당긴다고 해도 전혀 신경 쓰지 않으므로 힘으로 잡아끌어서 다른 개와 떨어뜨려 놓으려는 시도는 효과가 없다. 덩치가 더 큰 개의 보호자는 평상시 어조로 반려견을 부르며 다른 쪽으로 걸어가야 한다. 싸움을 더 부추길 수 있으므로 양쪽 개 모두 야단치거나 칭찬하지 않는 것이 좋다. 이런 상황에서는 반려견을 깜짝 놀라게 하는 것이 효과적이다. 많은 양의 물을 뿌리거나, 낯선 사람의 큰 목소리 같이 주의를 돌릴 수 있는 소음으로 호기심을 유발해본다. 보호자가 소리를 지르면 오히려 싸움을 충동질하는 뜻으로 받아들이기 때문에 상황이 더 심각해질 수 있다.
　양쪽 개가 모두 목걸이를 하고 있다면 목걸이의 빈틈으로 손이나 막대기를 밀어 넣고 비틀어 잠시 숨 쉬기 힘들게 했다가 다시 풀어서 정상적으로 호흡하게 하는 방법도 있다. 그러나 이 방법을 쓰다 보면 혼란스러운 난투극 속에서 개에게 물릴 위험이 상당히 높다는 점을 명심한다. 차라리 반려견을 부르며 멀리 걸어가면서 따라오게 하는 방법이 더 현명하다.

개는 죽을 때까지 필사적으로 싸우는 일이 거의 없으며 대부분 한쪽이 먼저 항복한다. 절대로 한쪽 개의 목걸이를 잡고 끌어내서는 안 된다. 이 상황에서 뒷다리로 선 채 상대 개에게 아랫배를 드러내고 있으면 치명적인 상처를 입을 수 있다. 개들이 서로 떨어지면 보호자들이 즉시 주도권을 잡아 재빨리 서로 닿을 수 없는 거리로 떼어놓아야 한다. 그렇게 하지 않으면 기회가 생기자마자 다시 싸움을 시작할 것이다.

덩치 큰 개와 맞부딪치면 으레 작은 개가 알아서 피할 거라고 생각하면 안 된다. 치와와를 키우는 사람들은 싸움에 임하는 투지가 꼭 몸 크기에 비례한 것은 아니라는 사실을 알 것이다.

상대방 보호자와 싸움에 대해 이야기를 나누되 공격적이거나 자극하는 태도를 취하지 않는다. 특히 구멍이 난 상처의 경우 붕대를 감거나 항생제를 발라야 하므로 필요하다면 양쪽 개 모두 수의사를 찾아가서 진료를 받는 것이 좋다. 자꾸 다른 개와 싸움을 한다면 중성화 수술에 대해 수의사와 의논한다. 1장 '010 다른 개들에게 너무 공격적이에요' 편도 이 문제가 다시 발생하는 것을 방지하는 데 도움이 될 것이다.

# 교통사고를 당했어요

교통사고는 보호자에게 매우 충격적인 사건이지만 대처를 잘하면 피해를 최소한으로 줄일 수 있다. 다음과 같이 즉각적으로 대응한다.

### 이렇게 해봐요

- 차량을 통제한다.
- 응급 치료 방법을 생각하고 도구를 구하는 동안, 반려견의 머리 위에 옷을 덮어 반려견을 진정시킨다.
- 반려견의 머리에 줄을 씌워 움직이지 못하게 한다. 아주 심하게 다쳤어도 놀라서 무작정 사고 현장에서 도망칠 수 있으며 이런 경우 도와주기가 힘들어질 수 있다. 두꺼운 장갑 등을 착용해서 보호자의 몸을 보호한다. 반려견이 숨을 쉬지 못하는 경우가 아니라면 입을 막아둔다.
- 반려견을 천천히 길가로 옮긴다. 필요하다면 담요나 옷에 올려서 잡

🐾 반려견이 호흡곤란을 겪지 않는다면 사고 예방을 위해 긴 줄로 입 부분을 잠시 묶어놓는 것이 좋다. 목 주변을 둘러서 귀 뒤로 묶는다.

아 당기거나 민다.
- 출혈이 있으면 상처 부위에 넓은 수건 등을 올려 강하게 눌러주고 피가 새어 나오면 수건을 더 올린다. 지혈대를 사용해서 피를 멈추게 하는 것도 고려해봐야 하지만 이는 실제로 상처 부위에서 대량의 피가 분출될 때만 사용해야 한다. 그렇지 않다면 보통 붕대로 압박해주는 것만으로도 효과를 볼 수 있고 더 안전하다.
- 반려견을 데리고 갈 동물병원을 알아본다. 골절이 의심되면 판자 위에 올려서 옮긴다.
- 담요 등을 가볍게 둘러서 병원에 가는 동안 체온을 유지해준다.

① 외투와 막대기 두 개로 들것을 만들 수 있다.  ② 외투 지퍼를 채워 잠그고 소매에 막대기를 넣는다.  ③ 반려견을 들것에 올려놓고 조심스럽게 옮긴다.

# 철창이나 가시덤불에 끼었어요

튼튼한 장갑 등 보호 기구를 갖추고 반려견의 머리 위로 윗도리를 던진다. 아무리 순한 반려견이라도 통증 때문에 공격적으로 변할 수 있다. 반려견에게 말을 걸어 안심시키면서 줄을 채워서 도망치거나 몸부림을 치다가 상처 입지 않게 한다. 가까운 곳에 칼이 없다면 지나가는 사람에게 날카로운 칼이나 가위, 펜치 등의 도구를 부탁한다. 이 과정에서 가장 중요한 것은 보호자가 반려견 옆에 남아 반려견을 안정시키는 것이다. 혹은 휴대전화로 도움을 청할 수도 있다. 급한 마음에 반려견을 손으로 직접 잡아당겨서는 안 된다. 이렇게 하면 역효과가 날 뿐이다.

　반려견의 피부 혹은 살점에 박힌 가시나 철사는 반려견의 몸을 완전히 빼낸 다음에 제거한다. 힘을 주지 말고 조심스럽게 제거한다. 이 과정이 어렵다면 수의사에게 데리고 간다. 그렇지 않다면 상처 부위를 깨끗이 씻기고 필요한 경우 털을 자른 뒤 소독약을 발라준다. 이런 상처는 보통 자연적으로도 상당히 빠르게 치유되지만, 심하게 찢어졌거나 깊게 팬 상처가 있다면 항생제 투여 등과 같은 수의사의 치료가 필요하다.

# 해변에서 돌이나 모래를 물어 와요

개는 밖에서 공을 가지고 노는 동안 상당히 많은 양의 모래를 먹기도 한다. 또한 반려견이 확실치 않은 물체를 먹는 광경을 목격했다면 당일 밤과 다음 날 아침에 약용 파라핀 액을 한 숟가락씩 먹이면 큰 문제를 막을 수 있다. 반려견이 계속 먹이를 먹지 않고 설사 등의 증세를 보이면 수의사에게 진찰을 받아야 한다.

바닷가에서 돌을 던지고 주워 오게 하는 놀이를 해서는 안 된다. 반려견의 이빨이 쉽게 손상되기 때문이다. 또한 바닷물을 마시면 병에 걸릴 수 있으므로 금지해야 한다. 이때는 행동 통제 방법을 이용한다. 날카로운 목소리로 "안 돼"라고 명령하고 "앉아" 등의 명령어를 말한 뒤, 이에 잘 따르면 상을 준다.

❋ 해변에서 돌을 던져 주워 오게 하는 놀이는 금물이다. 반려견의 이빨을 상하게 해 큰 통증을 유발할 수도 있다.

# 반려견 훈련소나 호텔에서 함부로 행동해요

반려견에게 혼자만의 잠자리를 만들어주고 장난감과 씹을 물건만 잘 챙겨주면, 훈련사가 반려견이 잘 적응하도록 도와줄 수 있을 것이다. 생후 5~6개월 정도의 어린 강아지는 하루나 이틀 정도만 훈련소에 맡겨 놓아도 나중에 장기간 휴가를 떠날 때 생길 수 있는 문제를 미리 예방할 수 있다. 반려견은 훈련소가 영원히 머무는 곳이 아니며 보호자가 다시 돌아와서 자신을 데리고 갈 것이라는 사실을 배우게 될 것이다.

# 벌에 쏘였어요

벌레에 물리거나 쏘이면 그 부위가 급속하게 부어오른다. 일부 반려견의 경우에는 위험한 알레르기 반응이 일어나지 않는지 잘 살펴봐야 한다. 그럴 때는 무엇보다 재빠른 응급조치가 필요하다. 물리거나 쏘였을 때 대처할 수 있는 가장 좋은 방법은 3장의 '094 혹이나 종기가 있어요' 편에서 소개된다.

# 차에서 의식불명 상태로 발견됐어요

한여름에 반려견을 차에 남겨둘 경우 반드시 통풍이 제대로 되는지 확인하고 차를 그늘에 세워두어야 한다. 적절한 예방 조치를 취하지 않고 반려견을 햇빛 아래 세운 밀폐된 차 안에 두면 일사병으로 의식불명 상태가 되어 심각할 경우 죽음에 이를 수도 있다. 반려견이 일사병으로 의식을 잃었을 때 적합한 대응 방법은 3장의 '098 쓰러져서 혼수상태가 됐어요' 편을 참고한다.

# 잔디 색깔이 변했어요

반려견이 소변을 보자마자 그 장소에 2~3통 정도 물을 끼얹어주면 잔디가 노란색으로 변하는 것을 막을 수 있다. 인내심이 있는 반려견이라면 바닥이 콘크리트, 자갈, 흙으로 되어 있는 곳에서 소변을 보도록 훈련시킬 수 있다. 그러나 습관적으로 잔디에서 소변을 보는 반려견이라면 이런 버릇을 예방하기란 쉽지 않다.

# 암컷이 산책을 하다가 짝짓기를 했어요

수컷은 성기에 작은 뼈가 있어서 완전히 삽입하지 않더라도 발기가 된다. 일단 성기가 암컷의 질 내에 삽입되면 충혈이 일어나 강하게 밀어 넣는 동작을 하게 되며 이에 따른 첫 번째 사정에는 정자가 거의 포함되어 있지 않다. 일단 골반을 밀어붙이는 행위가 끝나면 수컷은 성기를 그대로 질 안에 둔 채로 암컷의 몸에서 내려온다.

이윽고 수컷은 몸을 돌리고 한쪽 뒷다리를 암컷 위로 올린다. 이때는 충혈된 수컷의 성기와 성교 후 수축된 암컷의 질 근육이 서로 맞물려 있으며 이렇게 꼬리와 꼬리가 딱 붙어 있는 상황에서는 서로 떼어놓기가 힘들다. 이렇게 붙어 있는 동안 사정이 지속된다. 이 두 번째 단계에 정자가 많이 들어 있다.

이런 식으로 붙어 있을 경우에는 서로 떼어놓으려는 시도를 해봤자 소용이 없다. 찬물을 끼얹더라도 털만 젖을 뿐 과정을 단축시키는 데는 효과가 없다. 이렇게 붙어 있는 상태는 5분에서 1시간, 평균 20분 정도 지속될 수 있으며 이 단계에서 암컷과 수컷은 서로 질질 끌고 다니기도 한다. 경험이 부족한 개는 당황해서 쩔쩔매기도 하지만 보통은 서로 상처를 입히지 않으니 걱정할 필요는 없다.

그러나 이런 동작이 너무 지나칠 경우 가까이에서 지켜보며 개들을 떼어놓는 것이 좋다. 이 결합은 시간이 지나면 자연적으로 끝나며 정액 일부가 외음부에서 떨어지는 것이 보인다.

그 밖에는 3장 '112 실수로 짝짓기를 해버렸어요' 편과 '115 발정기에 문제를 일으키면 어쩌죠' 편을 참고한다.

❀ 수컷이 갑자기 암컷 위로 올라타더라도 겁에 질려서 강제로 떼어놓으려고 하지 않는 것이 좋다. 이런 행동은 아무런 효과가 없다. 서로 자연스럽게 떨어질 때까지 참을성 있게 기다린다. 그리고 즉시 수의사에게 데리고 가서 임신을 막기 위한 조언을 구한다.

## 이 장에서 다룰 내용

- **064** 풀을 뜯어 먹어요
- **065** 자꾸 토해요
- **066** 음식을 안 먹어요
- **067** 너무 살이 쪘어요
- **068** 잘 먹는데도 비쩍 말랐어요
- **069** 물을 지나치게 많이 마셔요
- **070** 재채기를 해요
- **071** 눈물을 흘려요
- **072** 눈이 이상해요
- **073** 눈이 안 보여요
- **074** 귀를 흔들거나 긁어요
- **075** 머리를 한쪽으로 기울여요
- **076** 숨을 이상하게 쉬어요
- **077** 털갈이를 해요
- **078** 몸을 심하게 긁어요
- **079** 계속 방귀를 뀌어요
- **080** 꼬리를 물거나 엉덩이를 땅에 문질러요
- **081** 설사를 해요
- **082** 대변에 피가 섞여 나와요
- **083** 변비에 걸렸어요
- **084** 소변을 안 봐요
- **085** 대소변을 지려요
- **086** 소변에 피가 섞여 나와요
- **087** 생식기에서 분비물이 나와서 자꾸 핥아요
- **088** 배가 볼록해요
- **089** 절뚝거려요
- **090** 기침을 해요
- **091** 먹는 걸 힘들어해요
- **092** 입 냄새가 심해요
- **093** 경련이나 발작을 일으켜요
- **094** 혹이나 종기가 있어요
- **095** 다쳤어요
- **096** 계속 몸을 핥아요
- **097** 힘이 없어요
- **098** 쓰러져서 혼수상태가 됐어요
- **099** 숨을 안 쉬어요
- **100** 소리를 못 들어요
- **101** 침을 너무 많이 흘려요
- **102** 성욕 과잉이에요
- **103** 물을 너무 많이 마셔요
- **104** 털이 빠져요
- **105** 전보다 자주 소변을 봐요
- **106** 소변을 지려요
- **107** 냄새 나는 혈뇨를 힘들게 눠요
- **108** 배가 나왔어요
- **109** 혹이 생겼어요
- **110** 생식기를 심하게 핥아요
- **111** 생식기에서 분비물이 나와요
- **112** 실수로 짝짓기를 해버렸어요
- **113** 원치 않는 임신을 했어요
- **114** 발정기 무렵에 배앓이를 해요
- **115** 발정기에 문제를 일으키면 어쩌죠?

# 3장

## 질병의 예방과 극복

# 질병의 증상

기침, 설사, 갈증과 같은 병의 징후는 관찰력이 있는 보호자라면 쉽게 감지할 수 있는 객관적인 증거이다. 그러나 통증이나 두통 같은 증상은 몸의 상태에 따라서 변한다. 개는 말을 할 수 없기 때문에 스스로의 증상과 통증을 표현하지 못한다. 그러나 반려견의 평소 건강 상태를 잘 알고 있다면 이를 통해 문제 증상과 통증의 부위 및 정도를 추측할 수 있을 것이다.

대부분 병에 걸린 개는 거의 동일한 증세를 보이지만 그렇다고 해서 모두 전형적인 증세를 보이지는 않는다. 바로 이 때문에 보호자가 직접 진단을 하고 병의 원인을 규명하는 것이 아주 어렵다. 따라서 숙련된 수의사에게 도움을 청해 검사를 통해 확실하게 병을 진단하는 것이 현명하고 필수적인 방법이다. 다른 사람과의 상의 없이 보호자 혼자 판단할 경우, 효과 없는 치료를 하거나 치료 시기를 놓쳐 반려견을 더 힘들게 할 수도 있다.

이 장에서는 기존에 나온 책들처럼 병 자체를 설명하기보다 겉으로 드러나는 증세에 따른 정보를 제공하고자 한다. 이 방법을 통해서 반려견이 단순히 안색이 나쁜 것인지 아니면 심각한 병을 가진 것인지를 분간하고 쉽게 원인을 알아낼 수 있기를 기대한다. 즉, 이 장은 보호자가 반려견의 질병 징후나 통증을 정확하게 파악하고 설명할 수 있으며, 병력을 기록하고 언제 수의사에게 도움을 청해야 하는지 결정할 수 있도록 돕고자 한다.

**초기 징후 인식하기**

**행동의 변화**: 평소 주변 환경의 특정한 변동에 자극받지 않던 반려견이 행동에 변화를 보이는 것.

**음식을 거부함(식욕 부진)**: 음식을 거부하는 것은 질병의 첫 번째 징후이지만, 보통 며칠 이상 계속될 때만 진짜 중대한 이상이 있는 것으로 판단할 수 있다.

**체온 상승**: 체온이 상승한 개는 시원한 곳을 찾아 누우려고 한다. 숨을 헐떡거리고 만져보면 몸이 뜨거울 것이다. 보호자가 직접 반려견의 체온을 재는 것은 그리 바람직하지 않다. 어느 정도 전문적인 지식이 필요하기 때문이다.

**전반적인 쇠약이나 무기력증**: 날씨가 덥거나 심하게 운동을 한 뒤가 아닌데도 이런 증상이 나타난다면 전반적으로 몸이 쇠약해졌다고 추측할 수 있다. 2~3일 이상 같은 증상을 보이면 수의사를 찾아가서 전문적인 검진을 받는다.

**통증**: 끙끙거리거나 몸을 움찔거리고 공격적으로 변하면 통증을 느끼고 있다는 증거이다. 통증 때문에 고통 받는 개는 보통 통증이 느껴지는 부위를 쳐다보거나 그곳을 물어뜯는다. 또한 잠자리에서 벗어나기를 꺼리고, 통증 부위를 만지는 것을 싫어한다.

증상이 2~3일 이상 계속되면 수의사를 찾아가서 진단을 받아보아야 한다.

# 기록 및 건강 검진

반려견의 건강과 관련된 주요 사항을 기록해두면 치료와 예방 측면에서 아주 중요한 자료가 된다. 이러한 기록은 중요한 병력을 완벽하게 제공해주며 이를 통해 전문적인 도움을 받아야 할 시점을 추정할 수 있다. 또한 좀 더 빠르고 효과적으로 치료나 예방 대책을 세울 수 있으며 시간과 돈을 절약해준다. 이와 함께 반려견이 불필요하게 고통 받는 일도 없애준다. 노트를 준비하고 어떤 내용을 어느 정도까지 기록할 것인지 결정한다. 기본적으로 다음에 나온 내용을 주제로 상세한 사항을 기록해야 한다.

- 반려견에 관한 주요 사항: 이름, 품종, 성별, 생년월일, 독특한 무늬나 상처가 있다면 사진과 함께 설명도 기입
- 담당 수의사의 전화번호와 근무 시간 외 진료와 같이 검진과 관련된 세부 사항
- 보험 세부 사항
- 백신 접종 기록
- 모든 질병 및 약 복용 기록
- 암컷의 경우 발정기 날짜 및 출산력
- 체중 변화 기록: 처음 돌보기 시작한 뒤부터 6개월 동안 매달, 그 뒤로는 일 년에 2~3번씩 측정

## 수의사에게 알릴 사항

- 증상을 처음 발견한 때의 상황과 시간에 따른 변화: 그 증상이 계속 심해졌는가 아니면 자연적으로 없어졌는가? 특정한 시간대에 더욱 심해지는가?
- 평상시보다 물을 많이 마시는 경우: 일일 증가량
- 집 안에 다른 반려동물이 있는 경우: 그들도 같은 증상을 보이는가?
- 반려견의 식욕에 관한 사항: 실제로 먹이를 먹고 있는가? 먹이를 물거나 삼키는 데 어려움을 겪는가? 평소보다 적게 혹은 많이 먹는가? 반려견에게 먹이를 주는 방식이나 내용물이 조금이라도 바뀌었는가?
- 생활 환경이 바뀐 경우: 새로운 동물을 들여왔거나 이사를 했거나 카펫 혹은 잠자리 등을 바꾸었는가?
- 반려견을 데리고 장기간 여행을 다녀온 경우: 국내 여행이었나, 해외여행이었나?
- 훈련소에 있었거나 공연장 혹은 다른 집을 방문한 경우: 그곳에서 다른 개들을 만났는가? 혹시 그 가운데 아픈 개가 있었는가?
- 배변 상태: 변의 색이나 농도가 변했는가? 평소에 비해 배변 횟수가 달라졌는가?
- 정원의 변화: 최근에 식물을 새로 심었는가? 살충제나 소독약을 사용했는가? 잔디나 화단에 거름으로 화학 약품을 사용했는가?
- 소변의 빈도: 반려견이 평상시보다 자주 소변을 보거나 반대로 소변을 보는 것을 어려워하는가? 소변에 피가 섞여서 나오는가? 소변을 가리지 못하고 질금거리는가?
- 사고를 당하거나 싸움을 한 경우: 무슨 일이 있었는가? 언제 어떻게 발생했는가?

위에 나온 질문들과 관련된 내용을 적어 가서 수의사와 상담할 때 내용을 상세하게 알린다. 반려견을 걱정하느라 경황없이 병원에 가다 보면 정작 중요한 정보는 잊어버리기 쉽다.

🐾 일반적으로 위에서 소개한 내용은 평소에 반려견을 잘 관찰한 보호자만이 알 수 있다. 따라서 당신은 반려견이 건강을 회복하는 데 아주 중요한 역할을 담당하고 있는 셈이다.

## 주요 전염병

일생 동안 개의 생명을 위협하는 심각한 전염병은 크게 여섯 가지로 나뉜다. 이 병들은 백신 접종으로 예방이 가능하다.

### ➔ 개 홍역

**원인**: 바이러스성 감염은 공기 중의 작은 입자 속 바이러스를 흡입함으로써 일어나며 급속도로 퍼진다.

**증상**: 감염된 개는 일단 눈에서 점액이 흐르고 설사를 하며 콧물이 나오고 기침을 심하게 한다. 이러한 증상과 함께 주로 발바닥이 딱딱해지고 경련과 같은 신경과민 현상이 나타나는데 이러한 경우는 대단히 위급한 상황이다.

### ➔ 개 전염성 간염

**원인**: 전염성이 아주 강한 바이러스성 질병. 걸린 지 24시간 안에 제대로 손을 쓸 새도 없이 위급한 상황에 이를 수 있다.

**증상**: 최초의 증상은 식욕이 없어지고 열이 나며 창백하거나 점막에 충혈이 생기고, 구토를 하거나 종종 피가 섞여 나오는 심각한 설사를 하며 복부의 격렬한 통증을 느낀다. 이 전염병은 장기적으로 간과 신장까지 손상시킬 수 있으며 눈알이 파랗게 변한다.

### ➡ 광견병

**원인**: 매우 심각한 바이러스성 전염병으로 성질이 난폭하게 변하고 열과 가려움증을 동반한다.

**증상**: 심하게 흥분하며 한시도 가만히 있지 못한다. 침을 흘리며 음식을 탐욕스럽게 먹지만 음식물을 잘 삼키지 못하고, 경련과 마비 및 혼수상태를 거쳐 결국은 죽음에 이른다. 일단 이런 증상을 보이는 동물은 대개 2주 안에 죽는다. 광견병에 걸리면 성격이 아주 공격적으로 변하며, 이 병은 아주 위험한 인수공통전염병으로 사람과 동물 모두에게 감염된다.

### ➡ 개 파보바이러스 전염병

**원인**: 어린 강아지에게 심장 질환이나 폐렴을 유발할 수 있는 매우 심각한 병이다.

**증상**: 나이가 좀 많은 강아지나 성견은 극심한 구토와 많은 양의 피가 섞여 나오는 설사 증세를 보인다. 치료가 늦어지면 아주 어린 강아지는 물론이고 나이가 많은 개까지도 급속하게 치명적인 상태에 이를 수 있다.

### ➡ 렙토스피라병

**원인**: 이 병은 렙토스피라라는 세균 감염으로 생기며 크게 두 가지 유형이 있다.

**증상**: 이 병에 전염된 개는 체온이 아주 높아지고, 심하게 구토를 하며 종종 황달 증세를 보인다. 죽지 않는다 하더라도 만성적인

간과 신장 손상으로 평생 고생하게 될 것이다. 이 병은 사람에게 전염될 수도 있다.

### ➡ 전염성 기관지염

**원인**: 이 성가신 병은 보데텔라 브론키셉티카 박테리아를 포함한 다양한 병원체 및 여러 바이러스 때문에 발생하는 복합적인 질병이다. 바이러스 가운데 특히 개 파라인플루엔자와 개 헤르페스, 아데노바이러스가 독립적으로 혹은 결합해서 작용하며, 2차 세균 감염으로 증세가 더 악화된다.

**증상**: 귀에 거슬리는 마르고 건조한 기침을 하며, 이 증상은 3주까지도 지속될 수 있다. 보통 병에 걸리더라도 체온이 올라가지는 않으며 식욕도 평소와 다름없다. 심한 기침을 하다 보면 결국 숨이 막히고 구토를 하게 되며 보호자들은 반려견의 목에 뼈가 걸렸다고 착각하기 쉽다.

다행스럽게도 현재는 여기에 거론된 거의 모든 전염병을 효과적으로 예방하는 백신이 나와 있다. 예방 접종을 하면 보호자는 안심할 수 있으며 개가 고통 받는 것을 막아주고 죽음에 이르는 것을 방지할 수 있다.

수의사의 조언에 따라서 각 상황에 맞게 비용 대비 효과가 높은 백신 프로그램을 선택한다. 정기적으로 백신 접종을 받지 않은 반려견이 여기에 나온 질병 때문에 고통 받고 있다면 당장 수의사에게 데리고 가서 검진을 받아야 한다.

최근에는 앞에서 거론한 질병 외에도 개 코로나 바이러스의 예방 접종을 할 수 있다. 또한 우리나라는 해당되지 않지만 영국에서는 헤르페스 바이러스의 예방 접종도 시행하고 있다. 헤르페스 바이러스는 전염성 기관지염의 주요한 발병 요인인 데다 어린 강아지가 사망하는 주요 원인 중 하나이기도 하며, 코로나 바이러스는 잦은 장염의 원인이다.

# 질병 및 이상 증세

이외에도 개에게 발생하는 주요한 질병과 이상 증세 중에 수의사의 도움을 받아야 하는 경우가 많다. 모두 원인을 정확하게 진단해야 효과적인 치료를 받을 수 있다. 그러한 질병들을 아래에 간단하게 설명한다.

## 주요 질병

### ➡ 알레르기

**원인**: 집 먼지, 진드기 및 꽃가루 등 흡입, 음식 섭취, 더러운 카펫 및 가구 염료에 접촉 등 갖가지 알레르기 유발 물질에 접촉한 결과 발생한다. 알레르기 반응은 벌레에게 물리거나 쏘일 때도 나타난다.

**증상**: 보통 피부에 생긴 염증 때문에 가려움증이 일어나 몸을 긁어대며 털이 빠진다. 아물지 않은 상처를 통해서 2차적으로 세균에 감염될 수도 있다. 개의 경우 알레르기 반응은 아주 드물게 천식 발작이나 과민증 혹은 만성 설사

🐾 벌레에 쏘여서 알레르기 반응이 일어나기도 한다. 항히스타민제나 코르티코스테로이드로 치료한다.

등의 증상을 나타내기도 한다.
**대처**: 즉시 수의사를 찾아간다. 수의사는 항히스타민제나 코르티코스테로이드를 국소적으로 바르거나 주사 또는 경구 투여할 것이다. 알레르기 유발 인자와 접촉하지 못하게 하는 것이 가장 좋은 예방법이다.

### ▶ 울혈성 심부전
**원인**: 유전적 혹은 후천적으로 한쪽 심장 기능에 이상이 생겨 발병하며, 혈액을 심장 밖으로 제대로 공급하지 못해서 체내 곳곳에서 혈액 부족 현상이 일어난다.
**증상**: 호흡곤란, 기침(특히 밤에), 쇠약, 식욕 상실, 체중 감소
**대처**: 이뇨제, 강심제 및 호흡 강화제, 심장 박동 조절약을 투여해야 하므로 즉시 수의사와 상의한다. 일부 경우에는 비타민E 보충제가 도움이 된다. 이 병을 예방하려면 체중을 감량하고 스트레스를 피하며 규칙적으로 운동을 해야 한다. 가장 중요한 점은 식사에서 염분 수치를 낮추는 것이다.

### ▶ 당뇨병
**원인**: 췌장에서 인슐린 생성이 부족하거나 호르몬 작용에 반응하는 조직의 기능이 저하되어 혈당 수치가 상승된다.
**증상**: 지속적인 갈증, 소변량 증가, 식욕 과다, 체중 감소, 구토, 호흡곤란, 우울증, 탈수증이 나타난다. 백내장이 급속도로 진행될 수도 있다.

**대처**: 즉시 수의사를 만나 진단을 받고 상황의 심각성을 확인해야 한다. 수의사의 지시에 따라서 인슐린 투여와 식사 조절이 필요하다. 보통 섬유질이 많이 함유된 식단을 구성한다. 규칙적으로 일관된 먹이를 주는 것이 아주 중요하다. 암컷이라면 난소자궁적출술을 하는 것도 도움이 된다.

## 간질

경련을 일으키는 간질 발작 때문에 의식을 잃을 수도 있다.

**원인**: 아직 원인이 분명하게 밝혀지지 않았지만 뇌의 한 부분에서 이상 파형이 나타나면서 발작성 임상 소견을 보이는 증상이다. 이 이상 증상은 유전되며 나이 및 성별과 연관이 있다.

**증상**: 개가 휴식을 취하거나 자는 동안 일어나는 발작과 경련에 이어서 의기소침, 의식 불명, 정신착란, 우울증, 균형감각 상실, 끊임없이 먹고 마시려는 욕심을 보이며 시력을 잃기도 한다.

**대처**: 수의사에게 데리고 간다. 일반적으로 평생 지속적으로 약물 치료를 받아야 한다.

## 쇼크

**원인**: 뇌출혈, 외상, 화상, 과민증, 혈액 내 독소 축적, 심부전증으로 생기는 순환기 장애

**증상**: 실신, 근육 약화, 비정상적인 체온과 차가운 사지, 혼수, 빠르고 약한 맥박, 동공 산대

**대처**: 신속하게 수의사에게 데리고 가야 한다. 일반적으로 정맥 주사로 코르티코스테로이드 혹은 심장 강화제를 투여한다.

### ➧ 방광 결석

**원인**: 흔히 요로의 박테리아 감염으로 발생하거나 소변 pH의 변화, 호르몬 불균형, 불충분한 수분 섭취, 비타민A의 결핍에 따른 간 질환이 원인이다.

**증상**: 소변에 혈액이 섞여 나오고, 우울증이나 식욕 상실 증세를 보인다.

**대처**: 치료 방법은 결석의 구성 성분에 따라 달라지므로 수의사와의 상담이 필요하다. 일반적으로 항생제나 비뇨기 소독제를 투여해야 한다. 기본적으로 이 증상을 예방하려면 소변 pH를 잘 관리해야 하며 식사 조절이 필요하다.

❖ 달마티안과 같은 일부 종은 방광 결석에 더 걸리기 쉽다.

## 수캐의 질병

### ▶ 전립선 비대증

**원인**: 전립선 크기가 커지는 것은 나이가 들면서 호르몬의 균형이 깨지기 때문인 것으로 보인다. 전립선이 너무 커지면 직장에 영향을 미칠 수도 있다. 수캐는 사람과 달리 전립선 비대가 요도에는 아무 영향도 미치지 않는 것으로 보인다.

**증상**: 변비가 생겨 대변이 가늘고 길게 나오며 회음부 탈장을 일으킬 수 있다. 음경과 포피에서 피가 흐르거나 소변에 피가 섞여 나오기도 한다.

**대처**: 수컷이 중성화 수술을 하지 않을 경우 6세에서 60퍼센트, 9세 이상에서 95퍼센트 발병하므로 중성화 수술을 해줘야 한다. 약물 요법도 가능하나 약을 장기간 먹여야 하고 일시적으로 증상을 완화해줄 뿐 완전히 치료되지는 않는다. 또한 전립선을 제거하는 외과 수술의 경우 수술도 힘들고 예후도 좋지 않기 때문에 사전에 중성화 수술을 해주는 것이 가장 좋다.

### ▶ 고환의 염증

**원인**: 외상으로 인해 일어날 수도 있으나 대부분 세균 감염이 원인이다.

**증상**: 심각한 경우에는 고환이 뜨거워지고 부어오르며 통증이 심하다. 만성적인 단계에서는 고환이 단단해지고 종종 혹이 생긴다. 고환염을 가진 개는 걸음걸이가 뻣뻣하다.

**대처**: 일반적으로 항생제 치료가 필요하므로 지체 없이 수의사를 찾아간다.

### 기타 고환 질환

잠복 고환은 생후 6개월 정도에 고환 한쪽 혹은 양쪽 모두가 음낭 속으로 들어가지 못하는 증세이다. 대부분의 경우 유전적 요인에 의한 것이며, 이런 개들은 보통 불임이다. 이런 고환을 가지고 있으면 암에 걸릴 확률이 훨씬 높아지기 때문에 일반적으로 제거 수술을 받는 것이 좋다.

고환 종양은 5~20퍼센트 정도가 악성이며 대개는 양성이다. 종양의 종류에 따라서 해당 고환이 커질 수도 있다.

## 암캐의 질병

### 산욕급간(수유 시 젖 근육 강직성 경련)

**원인**: 혈액 내 칼슘 혹은 포도당 수치가 낮아져서 일어난다.

**증상**: 출산한 지 21일 이내의 암컷에게서 나타나는 증상이다. 이 증상을 가진 개는 불안해하고 침착하지 못하며 밝은 빛을 피하고, 강아지의 접근을 거부하며 침을 흘리고 몸을 마음대로 움직이지 못한다. 근육 경련과 경기를 일으키며 치료를 하지 않을 경우 혼수상태와 죽음에까지 이른다.

**대처**: 이는 아주 긴급한 상황으로 지체 없이 수의사에게 찾아가야 한다. 보통 칼슘과 포도당 정맥주사를 맞으면 빠르게 회복된다. 예방할 수 있는 특별한 방법은 없지만 임신 중에 칼슘을 과다하지 않게 적절한 양으로 공급하는 것이 중요하다.

### 🐾 상상 임신

**원인**: 증상의 원인은 분명하지 않으며 호르몬의 불균형에서 오는 것으로 보인다.

**증상**: 상상 임신을 한 개는 임신 증상을 보이고 젖이 나오지만, 짝짓기를 하지 않았거나 착상이 되지 않아서 강아지를 출산하지는 않는다. 대개 배가 나오고 식욕이 는다.

이러한 증상은 발정기가 지나고 한두 달 뒤에 일어나며 증상과 심각성은 매우 다양하다. 대부분 침착함을 잃고 집 안에서 장난감이나 신발을 물고 다니거나 잠자리를 끌고 다니는 등의 불안한 모습을 보인다. 과거에 이런 이상을 겪었던 개는 발정기가 지날 때마다 이를 반복하며 갈수록 증상이 심각해지고 장기화되는 경향이 있다.

**대처**: 증상이 심하지 않으면 약을 주거나 치료를 하지 않아도 된다. 이때 암캐에게 동정심을 보이지 않고 장난감과 안고 있는 물건을 치워버리면 불안해하는 증상은 사라질 것이다. 또한 운동을 강화하고 먹이에서 탄수화물 함량을 줄이면 젖이 덜 나올 것이다.

그러나 증상이 심각하고 앞에서 거론한 방법이 효과가 없다면 수의사에게 데리고 가야 한다. 호르몬 약이나 주사로 특정 증상을 줄일 수 있으

🐾 상상 임신을 한 암캐는 불안해하고 장남감, 신발 등의 물건을 가지고 집 안을 돌아다닌다.

며, 진정제로 불안 증상을 달랠 필요가 있다.

수의사들은 일반적으로 암캐가 심각한 상상 임신을 겪는다면 중성화 수술을 시키는 게 좋다고 조언한다. 발정기가 없는 암캐는 상상 임신을 겪지 않기 때문이다.

### ➡ 자궁축농증

**원인**: 이 증상은 특징적으로 발정기가 지나고 2~8주 후에 자궁 내에 많은 양의 액체가 축적되며 발생한다. 원인은 분명히 밝혀지지 않았으며 호르몬 불균형에 의한 것으로 보인다.

**증상**: 자궁축농증이 있는 암캐는 아프고 우울한 것이 확연히 드러난다. 물을 많이 마시고 소변을 자주 본다. 복부가 줄어들고 체온이 올라갈 수도 있다. 음부가 열려 있는 개방형 자궁축농증의 경우, 음부에서 냄새 나는 적갈색의 분비물이 나온다. 반면 음부가 닫혀 있는 폐쇄형 자궁축농증의 경우 분비물은 없다. 출산 경력이 없는 6~7살 정도의 늙은 암캐에게 가장 많이 나타난다. 증상이 다양해서 진단이 쉽지 않다.

**대처**: 암캐가 이 증상을 보인다고 생각되면 즉시 수의사에게 데리고 가야 한다. 목숨을 구하려면 보통 자궁과 난소를 제거하는 응급 수술이 필요하기 때문이다. 개방형 자궁축농증의 경우 호르몬 치료를 하기도 한다. 합병증이 없는 단순한 개방형 자궁축농증은 치료 확률이 75~90퍼센트이다. 그러나 이 방식이 늘 성공적인 것은 아니다. 재발 확률이 무려 50~75퍼센트에 달한다.

### 🡲 유선종양

**원인**: 원인이 분명하게 밝혀지지 않았지만 성 호르몬과 관련이 있는 것으로 보인다. 유전적 요인이 있을 가능성도 있다.

**증상**: 유선이 부어오르거나 혹이 잡힌다. 유선 한 개 이상에 문제가 있을 수도 있다. 암캐는 나이를 먹을수록 75퍼센트 이상이 유선이 자라는 유방암으로 진행된다. 7세부터 빈번하게 발생하기 시작하고 11~13세까지 발생 비율이 크게 증가한다. 첫 발정 전에는 0.5퍼센트, 1차 발정 후 8퍼센트, 2차 발정 후 26퍼센트로 발생 비율이 극적으로 올라간다. 유선의 혹이 부어오르는 것은 쉽게 감별되므로 정기적으로 암컷의 유선을 만져보면서 점검하는 것이 좋다. 또한 여러 품종 중에서도 치와와 푸들, 닥스훈트, 요크셔테리어, 코커스패니얼, 잉글리시세터, 도베르만핀셔의 발생 비율이 크다.

**대처**: 혹이 만져지면 크기를 기록해놓고 수의사의 협조 아래 주의 깊게 관찰해야 하며, 암이 체내의 다른 기관으로 퍼지기 전에 제거해야 한다. 다행히 대부분의 경우 혹은 악성이 아니고 너무 크게 자라지 않은 한 수술로 제거하기도 쉽다. 어렸을 때 하는 난소자궁적출술도 비슷한 효과를 나타낸다.

### 🡲 유선염

**원인**: 보통 젖이 나오는 암캐에게서 발생하며 세균 감염으로 생긴 유선의 염증이 원인이다. 유선염은 출산 후나 상상 임신 동안 젖이 나오는 암캐에게서 발생할 수 있다.

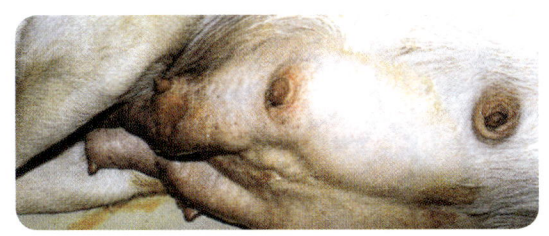

🐾 유선염은 유선에 염증이 생긴 것이다. 일반적으로 효과적인 치료를 위해 항생제 치료가 필요하다.

증상: 유선이 아프고 단단해지며 열이 나고 붓는다. 보통 비정상적인 모양으로 변하고 젖에 피가 섞여 나온다. 이러한 증상은 우울증, 고열, 식욕 상실, 구토를 동반한다. 일부 경우에는 유선에 종기가 생겨서 밖으로 터지기도 한다.

대처: 일반적으로 약이나 주사로 항생제를 복용해야 하므로 즉시 수의사를 찾아서 도움을 청한다. 일부 경우에는 비(非)스테로이드성 항염증제가 효과를 보인다. 유선을 따뜻한 소금물로 씻어주면 고통을 줄이는 데 도움이 된다. 어떤 경우에는 증상이 보이는 유선을 수술로 배액하거나 절제해야 한다.

## 기생충 감염

### ▶ 체내 기생충 감염

내부 기생충은 체내에 사는 기생충이다. 개는 많은 기생충에 감염되며 그중에서도 특히 개 회충과 개 촌충의 두 종류가 일반적이다.

개 회충은 사람에게도 감염될 수 있으므로 꼭 제거해야 한다. 이러한 사례는 언론을 통해서 계속 강조되고 있으며, 반려견 반대론자들은 이를 과장해서 이용하기도 한다. 아래에 나온 간단한 조언을 잘 따른다면 어린이들에게 감염될 가능성을 현저히 줄이고 앞으로 회충을 완전히 박멸할 수도 있을 것이다.

## 체내 기생충

### 회충

- 개 회충은 길이 7.5~15cm가량의 흰색 기생충이다.
- 임신 중에 구충제를 투여하지 않은 암캐에게서 태어난 모든 강아지의 장에 성충이 기생한다. 성충은 강아지가 생후 21일에서 30일 정도가 되면 알을 낳을 수 있다.
- 생후 3개월 이하의 강아지는 정원의 흙이나 식물 혹은 암캐의 털에 있는 기생충 알을 먹고 감염될 수 있다. 기생충 알은 강아지의 위 속에서 부화하여 장을 통해 이동하면서 성충이 된다. 아주 어린 강아지도 암캐의 모유를 통해 감염될 수 있다.
- 생후 3개월 이하인 강아지 가운데 약 30~40퍼센트에 해당하는 강아지들의 창자 속에 알을 낳을 수 있는 성충이 기생한다.
- 생후 3개월 이상 강아지의 경우 유충이 거의 움직이지 않고, 특히 근육, 횡경막, 신장과 같은 체내 조직에 잠복하고 있다.
- 암캐가 임신을 하면 잠복해 있던 유충이 다시 이동을 시작한다. 유충은 자궁과 유선에 도달해서 강아지를 감염시키며 성충이 된다.
- 갓 본 대변 속에 있는 기생충 알은 2~3주가 지나면 개나 사람에게 감염될 수 있다.

### 촌충

- 개의 소장에 사는 이 기생충은 납작하고 마디가 나뉘어져 있으며 길이가 50cm나 되는 것도 있다.
- 벼룩은 개 촌충의 필수적인 숙주이다.
- 감염을 예방하려면 개의 몸이나 집 안의 벼룩을 정기적으로 박멸해야 한다.

### 증상

개가 회충에 감염되면 구토 시 살아 있는 기생충이 함께 나온다. 항문 주변에서 촌충 마디가 발견되기도 한다. 그러나 일반적으로는 진단이 어려우며, 이 기생충들은 특정한 증상을 일으키지도 않는다. 촌충은 항문의 간지러움과 소화불량 외에는 눈에 띄는 임상 증상을 거의 유발하지 않는다. 그러나 회충에 감염되면 성장이 더디고 설사 혹은 변비 증상을 보이며 복부에 통증이 있고 배가 불룩 튀어나올 수 있으며 식욕이 증가하거나 줄어든다. 물론 이러한 증상은 다른 질병 때문에 발생할 수도 있다.

### 치료

동물병원에서 구충제를 구입한다. 그러나 올바른 치료를 위해서는 먼저 개가 어떤 기생충에 감염됐는지 알아야 한다. 수의사는 개의 변 샘플을 검사해서 기생충의 알이 어떤 종류인지를 확인하고 이에 맞는 처방을 해준다. 개 촌충이 발견됐다면 벼룩 제거를 위한 조언도 해줄 것이다.

- 강아지는 생후 2~5주부터 수의사의 지시에 따라서 정기적으로 구충제를 복용해야 한다.
- 강아지가 산책을 데리고 나갈 만큼 자라기 전에 정원에서 울타리를 쳐놓은 특정한 장소에서만 배변을 하도록 훈련시킨다.

- 생후 6개월 이하인 강아지의 대변은 반드시 바로 치워서 땅속 깊이 묻거나 변기에 버려서 하수구로 흘려보낸다.
- 생후 6개월 이하의 강아지는 어린이들이 놀거나 가족들이 소풍을 즐기는 공공장소에서는 운동을 시켜서는 안 된다.
- 수캐는 보통 3개월에 한 번씩 정기적으로 회충약과 촌충약을 복용해야 한다.
- 모든 암캐는 임신 중에 이동하는 유충을 박멸하는 데 효과적인 구충제를 복용해야 한다. 일반적으로 출산 2주 전에 구충제를 복용하게 하고, 출산 후 2~3일 뒤에 한 번 더 구충제를 먹인다. 이는 어미와 새끼가 모두 정상적인 상태일 때에 해당된다. 또한 태어난 새끼는 2주 뒤 또다시 구충제를 먹이고, 이후 태어난 지 12주가 될 때까지 2주 간격으로 계속해서 구충제를 먹인다.

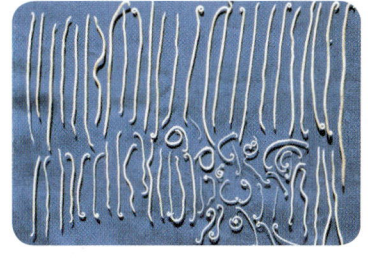
🐾 사진 속의 회충은 모두 개 한 마리에게서 나온 것이다.

반려견에게 먹이는 구충제는 종류가 다양한 데다 끊임없이 새로운 제품이 개발되고 있다. 따라서 수의사와 상담을 거쳐 정기적으로 구충제 복용 계획을 세우고 이를 잘 따르는 것이 중요하다.

### 체외 기생충 감염

피부에 사는 기생충은 체외 기생충이라고 부른다. 일반적으로 개가 가장 많이 감염되는 체외 기생충은 벼룩, 이, 진드기, 털진드기, 옴진드기가 있다.

이들 모두는 개 피부병의 주요한 원인이다. 불행하게도 피부병의 증상은 각 감염의 종류에 따라 특정한 증상이 나타나지 않는다. 따라서 가장 적합한 치료를 위해서는 병원 검사를 통해서 확실한 원인을 진단할 필요가 있다.

벼룩이나 이와 관련된 상세 사항은 '078 몸을 심하게 긁어요' 편에 나와 있다.

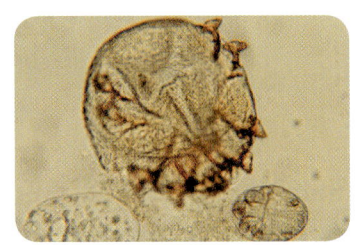

체외 기생충인 옴벌레는 개에게 옴을 옮긴다.

# 질병의 예방

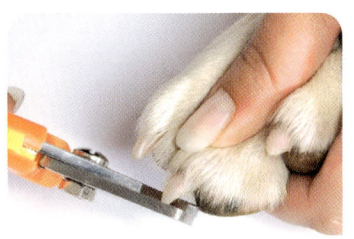

❀ 발톱이 너무 길게 자라지 않도록 정기적으로 깎아준다. 반려견이 딱딱한 바닥을 걸을 때 딸각거리는 소리가 나면 발톱을 깎을 때가 된 것이다.

정기적으로 반려견의 털을 다듬어준다. 반려견이 너무 무거워서 들어 올리기가 힘들다면 털 손질을 하는 장소를 정해놓고 적당한 높이의 작업대나 선반을 설치하면 훨씬 수월해진다. 털갈이 도구는 항상 좋은 것을 선택한다. 끝이 둥근 금속 빗과 질 좋은 브러시를 사용하는 것이 좋다. 조언이 필요하면 수의사나 평판이 좋은 반려동물 용품점을 찾고, 만약 혈통이 좋은 반려견을 입양한 경우라면 브리더에게 정보를 얻는 것도 좋다.

매일 혹은 매주 정기적으로 털을 손질하면서 반려견의 상태를 면밀히 파악할 수 있다. 반려견에게는 이러한 관심이 필요하고, 반려견 또한 이를 좋아한다. 이러한 검사를 정기적으로 하고 평소에 제대로 관찰한다면 질병의 증상을 초기에 발견하여 신속하면서도 여유 있게 수의사에게 진료를 의뢰할 수 있다. 일 년에 한 번씩 수의사에게 건강 검진을 받는 것이 좋다.

❀ 반려견이 행복하게 살아가려면 신체적인 운동은 물론이고 정신적으로도 자극이 필요하다는 점을 명심한다.

## 반려견의 건강 유지를 위해 지켜야 할 사항

**YES**

- 주치 수의사를 정해 진료 기록을 남겨놓는다.
- 확실하게 모든 예방 접종을 한다.
- 보호자가 직접 정기적으로 건강 상태를 검사한다. 머리부터 시작해 몸 전체를 일정한 순서에 맞춰서 살펴본다.
- 영양 균형이 잘 잡힌 먹이를 준다.
- 매일 털 손질을 해주고 종에 따라서 필요한 경우에는 정기적으로 털을 깎고 정리해준다.
- 발톱이 너무 길게 자라면 바로 잘라준다.
- 정기적으로 줄을 채우거나 풀어놓은 상태로 운동을 시킨다.
- 적어도 일 년에 두세 번씩 체중을 확인하고 비만이 되지 않게 주의한다.
- 필요할 때마다 목욕을 시키되 최소 일 년에 두 번은 해줘야 한다. 수영을 자주 하도록 유도한다. 반려견에게 수영은 대단히 좋은 운동이며 털 관리에 유익하고 안전하다.
- 잠자리가 편한지 살핀다. 침대나 쿠션 등은 세탁과 소독을 해야 한다. 수의사들은 반려동물용 침대를 구입해서 사용하라고 조언한다. 플라스틱으로 된 튼튼한 침대가 바구니보다 훨씬 이상적이다.
- 반려견의 병력과 치료 과정을 기록해둔다.
- 정기적으로 구충제를 먹이되 수의사에게 조언을 듣는다.
- 반려견이 예상치 못하게 병원 치료를 받거나 제3자에게 해를 입혔을 때를 대비해 보험에 가입한다.
- 주소와 전화번호를 눈에 잘 띄게 적은 이름표나 마이크로칩 등으로 어디에서나 쉽게 찾을 수 있도록 한다. 국내에서도 2014년부터 동물등록제가 의무화되었다.
- 암캐에게는 중성화 수술을 해주는 것이 좋다. 이는 건강상 여러모로 유익하다.
- 먹이 그릇과 물그릇을 질 좋은 것으로 구한다. 날마다 닦고 정기적으로 소독하기 편해야 한다. 일반적으로 스테인리스강이나 도자기 재질이 플라스틱 재질보다 좋다.

**NO**

- 경비견으로 이용되는 종과 힘 쓰는 놀이나 터그 놀이를 한다.
- 이유 없이 간식을 줘서 애정을 얻으려고 한다.
- 정신적, 육체적으로 운동시키는 것을 자주 잊어버린다.
- 큰 도로에서 줄을 채우지 않은 채 다닌다.
- 반려견에게 잘 쪼개지는 닭 뼈나 가루처럼 씹을 수 있는 뼈를 준다.
- 병의 징후가 있는데도 수의사에게 데리고 가는 것을 미룬다.
- 해변에서 자갈이나 딱딱한 물체를 던지고 반려견에게 물어 오라고 한다.
- 뙤약볕 아래 세워둔 차에 반려견을 혼자 둔다.
- 어떤 상황에서든 반려견을 마음대로 돌아다니게 한다.
- 반려견이 창밖으로 머리를 내민 상태에서 운전을 한다.
- 사람이 먹는 초콜릿을 준다.
- 반려견이 청소용 세제나 농약을 보관해둔 벽장이나 차고에 마음대로 드나들게 한다.

우리 강아지,
이럴 땐 어쩌죠?

# Q&A

| 064~115 |

질병의 예방과 극복

# 풀을 뜯어 먹어요

많은 개들이 정기적으로 거친 풀을 조금 뜯어 먹고 잠시 후에 거품이 가득한 침과 함께 토해내곤 한다. 이는 보호자에게 상당히 귀찮은 버릇이다. 먹이를 하루에 한 번씩 몰아서 많이 주지 않고 두세 번에 나눠서 조금씩 주면 이 증상을 개선하는 데 도움이 된다.

풀을 먹으면서 토해내는 버릇이 장기간 계속되고, 특히 토사물에 피가 섞여 있다면 빨리 수의사에게 데리고 간다.

## 자꾸 토해요

구토는 신체 방어 작용 중 하나다. 너무 과다한 음식이나 물, 식용으로 부적합한 물질, 부패한 물질 등이 소화 기관으로 넘어가서 해를 끼치기 전에 제거하는 것이다.

개는 쉽게 구토를 하므로 가끔씩 이런 모습을 보이기 마련이다. 그러므로 지나치게 신경을 쓸 필요는 없다. 반면 장기간 계속 음식물을 토해내고 토사물에 피가 섞여 있다면 즉시 수의사에게 보이는 것이 좋다. 일반적으로 구토에는 두 가지 종류가 있다. 하나는 실제로 음식을 토하는 것이고, 나머지는 음식이 역류하는 경우이다.

**구토**

실제로 구토를 하는 데는 배 근육과 가슴, 횡경막의 움직임이 필요하다. 실제로 구토를 해서 나타나는 가장 위험한 결과는 탈수증이다. 엄지손가락과 집게손가락으로 피부를 집어 올렸다가 놨을 때 피부가 원래대로 돌아가지 않고 그대로 있으면 탈수가 심하다는 증거이며 즉시 치료가 필요하다. 입에 물을 조금씩 넣어주는 것도 좋지만 정맥에 수액을 맞게 하는 것이 좋다. 쇼크를 막기 위해 코르티코스테로이드 투여가 필요하거나 구토를 예방하기 위해 제토제 투여가 필요할 수도 있다.

### 이유가 있어요

구토는 아주 다양한 질환과 요인들로 인해 일어난다. 따라서 수의사는 X선 촬영 같은 각종 검사에 의존하여 각 질병에 알맞은 효과적인 치료를 한다. 앞에서 거론한 대로 구토는 다음과 같은 상태와 관련이 있다.

- 개가 심각한 질병에 걸리거나 몸에 이상이 있을 때, 특히 개 파보바이러스병, 신장 질환, 자궁축농증과 같은 병에 걸리면 식욕 상실, 체온 상승, 우울증, 설사와 함께 구토가 동반된다. 토사물에 피가 섞여 나오면 즉시 수의사에게 데리고 가야 한다.
- 식용으로 적합하지 않거나 부패한 물질, 썩은 고기나 독성 물질이 뿌려진 식물을 먹으면 침을 흘리거나 복부 통증과 함께 위에서 말한 증상이 나타난다. 이때는 재빨리 수의사에게 도움을 청해야 한다.
- 흔히 장폐색은 개, 특히 강아지에게 구토를 일으킨다. 장폐색은 돌이나 장난감, 뼈 등과 같이 몰래 먹은 물질이 소화 기관에 머물면서 발생한다. 어린 강아지의 경우 창자의 뒤틀림이나 창자의 한 부분이

다른 부분으로 겹쳐 들어가는 장중첩이 일반적인 원인이다. 반려견이 장난감, 공, 뼈 등을 삼킨 것 같으면 수술이 필요할 수도 있으므로 즉시 수의사에게 데리고 가서 진료를 받아야 한다.

- 멀미
- 위 뒤틀림

음식을 찾아서 쓰레기통을 뒤지고 다니는 개는 썩은 고기나 부적합한 음식물을 먹고 구토를 하는 경우가 많다.

### 이렇게 치료해요

요즘에는 아주 효과가 좋은 구토 억제제를 수의사에게서 처방받을 수 있다. 이런 약품은 잠복해 있는 심각한 질병을 발견하지 못하게 할 수도 있으므로 주의해서 사용해야 한다. 수의사의 처방에 따라 복용량을 철저히 지키는 것이 대단히 중요하다.

여기서 중요한 점은 사람을 대상으로 처방받은 멀미 예방 및 치료약은 절대로 반려견에게 주어서는 안 된다는 점이다. 또한 구토를 하는 반려견이 찬물을 양껏 먹도록 내버려둬서도 안 되며 30분 정도 간격을 두고 조금씩 먹이는 것이 좋다.

반려견이 다시 음식을 먹으려는 기미가 보이면 찐 생선처럼 소화되기 쉬운 음식을 주다가 점차 원래의 식단으로 돌아간다. 건강을 회복할 때 먹는 특별식도 이용할 수 있다.

만약 반려견이 정원 살충제나 농약 등과 같은 독극물을 먹은 것이 의심되면 수의사에게 갈 때 약병을 가지고 간다. 제조 성분 표시를 참고해서 독성 물질을 해독하는 방법을 찾을 수 있다.

**역류**

역류는 최근에 먹은 음식 덩어리를 게워내려는 수동적인 동작이다. 새로 먹은 음식이 역류될 경우 그것을 즉시 다시 삼키는 것은 일반적인 행동이다. 특히 다른 개와 음식을 놓고 경쟁하다가 씹지 않고 통째로 삼킨 경우 더욱 많이 나타난다. 좀 나이가 든 강아지나 성견에게 지속적으로 역류가 나타난다면 폐색이나 식도 기형일 수 있으며 이런 상태라면 즉시 수의사를 찾아가야 한다.

# 음식을 안 먹어요

식욕 상실은 심각한 질병의 1차 증상으로 관심을 두고 잘 지켜봐야 하지만, 평소 건강하고 잘 먹는 개들이 먹이를 거부하는 것도 드물지 않은 일이다. 그 이유는 다음과 같다.

- 강아지는 새로 접한 음식을 일시적으로 거부할 수 있다.
- 격렬한 운동을 해서 지쳤을 때 먹이를 안 먹는 것은 정상이다.
- 개는 다른 생각에 정신이 팔려 있을 때, 예를 들어 가까이에 발정기인 암캐가 있을 때는 먹이를 종종 거부한다.
- 스트레스를 주는 환경 때문에 먹이를 거부할 수도 있다. 경비견은 낯선 사람이 나타나면 먹이를 먹지 않으며, 훈련소에 맡겨진 반려견은 며칠 동안 굶기도 한다.
- 임신 중인 일부 암캐들은 임산부가 입덧을 하는 것처럼 음식물을 먹지 않기도 한다. 이후 임신 5주차에 접어들면 차츰 식욕이 늘기 시작한다.

특히 다른 질병의 증상을 보이면서 계속 먹이를 안 먹으면 주의 깊게 관찰해야 한다. 앞에서 거론한 내용에 해당되지 않는다는 전제 아래 어린 강아지의 경우 24시간 이상, 성견은 48시간 이상 먹이를 안 먹으면 수의사에게 상담을 요청해야 한다.

# 너무 살이 쪘어요

많은 개들이 기회만 닿으면 먹이를 게걸스럽게 먹어치우는 것은 지극히 보편적인 모습이다. 이런 습관은 한집 안에 다른 동물들이 같이 사는 경우 더 강해진다.

대부분의 수의사는 캔에 든 식품, 건조된 식품, 습식 사료와 같이 시중에서 판매되는 제품을 먹이는 것이 낫다고 조언한다. 이런 제품을 구입해서 먹일 경우에는 먹이를 주는 횟수와 양을 제품 설명서에 나온 대로 따르는 것이 중요하다. 이런 먹이를 줄 경우 스튜나 계란, 뼈를 완전히 제거한 생선과 같이 사람이 남긴 음식을 보충식으로 줄 수도 있다. 그러나 이는 기본 먹이의 10퍼센트를 넘지 않도록 주의해야 한다. 이를 지키지 않을 경우 필수 영양소의 균형이 깨질 수 있다.

먹이의 양은 반드시 보호자가 조절해야 하며, 정해진 양 이상을 먹을 기회를 철저히 차단한다. 반려견이 미친 듯이 먹이를 먹고 식용에 적합하지 않은 것을 먹기 시작한다면 당뇨병 혹은 기생충 감염과 같은 질환에 걸렸을 가능성이 있으므로 수의사를 찾아가는 것이 좋다.

> 이유가 있어요

비만은 현대사회에서 개와 사람이 당면한 가장 일반적인 영양상의 문제이다. 2019년 3월 발표된 미국의 반려동물비만예방협회(APOP: Association for Pet Obesity Prevention)의 조사에 따르면 미국 개의 55.8퍼센트와 고양이의 59.5퍼센트가 과체중이거나 비만이다. 원인은 단순히 몸이 필요로 하는 것 이상의 음식을 섭취해 생긴 과다한 칼로리가 몸 이곳저곳과 장기에 지방으로 축적되는 것이다. 불행히도 비만은 서서히 생기기 때문에 반려견의 보호자는 건강, 체중, 몸집의 변화를 전혀 의식하지 못하다가 반려견이 엄청나게 비만이 된 뒤에야 깨닫는다. 호르몬 문제 때문에 비만이 되는 경우는 극히 드물다.

비만은 수많은 질병과 관련되어 있다. 이러한 사실을 생각하면 불편하게 살아가다가 고통을 겪고 빨리 죽는 것보다는 살을 빼는 것이 훨씬 낫다는 것을 분명하게 알 수 있다.

반려동물의 응석을 다 받아주며 간식을 남발해서는 안 된다. 비만은 건강의 적신호이다.

> **이렇게 치료해요**

고지방 먹이를 저칼로리로 바꾸거나 양을 줄인다 하더라도 체중을 단번에 감량하는 것은 쉽지 않고 사실 실천하기도 힘들다. 또한 반려견이 먹이를 찾아 쓰레기통을 뒤지고 다니거나 가족 중 누군가가 항복해 버릴 위험도 있다. 자칫하면 반려견에게 필수적인 영양소가 결핍될 가능성도 있다.

결과적으로 혼자서 다이어트 계획을 세우는 것보다 수의사와 상담하는 것이 현명하다. 이를 통해 올바른 조언을 듣고 결과에 따라서 정기적으로 진료를 받는 것은 물론이고, 주요 애견 사료 회사에서 생산한 다이어트 처방식을 구입할 수도 있다. 어떤 조언을 따르든 간에 반려견을 성공적으로 정상 체중으로 돌려 상태를 유지하려면 다음에 나온 몇 가지 원칙들을 잘 따르는 것이 무엇보다도 중요하다.

비만 역시 나중에 치료하는 것보다 미리 예방하는 것이 훨씬 좋다. 먹이를 구입해서 사용하는 경우 급여 기준 설명서를 잘 따르자. 정해진 먹이 외에는 이유 없이 음식을 보충하지 않는다. 무엇보다도 음식을 달라고 떼쓰는 버릇을 봐주지 말고 정해진 먹이 외의 음식을 훔치거나 쓰레기통을 뒤지고 다닐 기회를 아예 차단한다. 다음에 나온 건강 평가 점수판으로 반려견의 몸 상태를 점검하고 문제가 있다는 생각이 들면 수의사를 찾아가서 상담을 해보자.

**비만과 관련된 질병 및 이상**

- 관절염 혹은 뼈의 이상(정형외과적 이상)
- 당뇨병
- 열과민증(열불내성)
- 심부전증
- 소화불량(헛배가 부름)
- 질병에 걸릴 확률 증가 (질병에 대한 감수성 증가)
- 간 기능 저하
- 생식 장애
- 피부병
- 평균 수명 단축

**성공적인 체중 감량을 위한 조언**

- 목표를 설정한다.
- 다이어트 기간을 정한다.
- 체중을 정기적으로 측정하고 비만 정도를 관찰한다.
- 점진적으로 체중을 줄일 목표를 세운다.
- 운동량을 늘린다.
- 작은 밥그릇으로 바꾸고 평상시보다 적은 양을 자주 준다.
- 모든 사람(가족과 손님)들에게 반려견 체중 감량의 중요성을 알린다.

## 반려견의 건강 지수는?

아래는 반려견의 몸 상태를 점검하는 질문이다. 최종 점수로 건강 상태를 확인할 수 있다. 솔직하게 답하고 점수에 따라 적절하게 대처해보자.

| 질문 | 답변 |
|---|---|
| 1. 반려견은 다음 그림 중 어디에 해당하는가? | 갈비뼈가 분명하게 보인다 ·········· 1점 □ |
|  | 갈비뼈가 만져지지만 보이지는 않는다 ·········· 2점 □ |
|  | 갈비뼈가 보이지도, 만져지지도 않는다 ·········· 3점 □ |

| 2. 반려견이 스스로 공을 가지고 노는가? | 자주 논다 — 1점 □<br>거의 안 논다 — 2점 □<br>절대 안 논다 — 3점 □ |
|---|---|
| 3. 반려견과 산책을 나가는가? | 매일 한다 — 1점 □<br>대부분 한다 — 2점 □<br>절대 안 한다 — 3점 □ |
| 4. 반려견은 날씨와 상관없이 산책을 좋아하는가? | 항상 좋아한다 — 1점 □<br>가끔 싫어한다 — 2점 □<br>언제나 싫어한다 — 3점 □ |
| 5. 반려견이 달리기 같은 운동을 한 후에 헐떡거리는가? | 절대 안 그런다 — 1점 □<br>가끔 그런다 — 2점 □<br>항상 그런다 — 3점 □ |
| 6. 야외에서 햇빛 아래에 누워 있으면 숨을 헐떡이고, 시원한 곳으로 자리를 옮기는가? | 절대 안 그런다 — 1점 □<br>가끔 그런다 — 2점 □<br>자주 그런다 — 3점 □ |
| 7. 남은 음식을 달라고 애원하는가? | 절대 안 그런다 — 1점 □<br>가끔 그런다 — 2점 □<br>자주 그런다 — 3점 □ |
| 8. 반려견이 음식을 거부하는가? | 절대 안 그런다 — 1점 □<br>가끔 그런다 — 2점 □<br>자주 그런다 — 3점 □ |
| 9. 5분 안에 먹이를 다 먹는가? | 절대 안 그런다 — 1점 □<br>가끔 그런다 — 2점 □<br>자주 그런다 — 3점 □ |

총점 :  (           )

※ 질문에 대해 잘 모르거나 확신이 없을 경우에는 2점을 더한다.

이 점수는 단지 참고 사항이며 반려견의 현재 체중에 조금이라도 미심쩍은 부분이 있다면 수의사와 상의해야 한다.

| 점수 | 상태 |
| --- | --- |
| 10~14 | 정상적인 개 |
| 15~20 | 약간 뚱뚱한 개 ➜ 먹이를 조절하고 운동량을 늘린다. |
| 21~24 | 비만 ➜ 수의사와 상의한다. |
| 25~30 | 심각한 비만 ➜ 급히 수의사와 상담한다. |

🐾 비만과 싸우는 가장 좋은 방법은 정기적인 운동이다.

# 잘 먹는데도 비쩍 말랐어요

반려견이 몸집이 큰 종이고 한창 젊은 나이이거나, 특히 한집에서 두 마리 이상의 반려견을 키우고 있어 계속해서 활동량이 많은 경우는 잘 먹는데도 마른 것이 정상적인 현상이다. 다만 보호자가 원하는 것보다 더 말랐다면 제대로 먹이를 주고 있는지 생각해보고 먹이의 양을 적절하게 조절하는 것이 좋다.

하지만 심각하게 말랐다면 전염병이나 먹이의 부족 혹은 불균형, 구강 질병, 장 문제, 호르몬 결핍 등을 고려해봐야 한다. 분명하게 걱정할 만한 상태라면 문제의 원인을 진단하고 적당한 약물을 처방받거나 다른 치료를 받아야 하므로 수의사를 찾아간다. 필요하지 않거나 특정 증상에 맞지 않은 약 혹은 건강 보조 식품을 구입하는 것은 시간과 돈만 낭비하는 일이다.

# 물을 지나치게 많이 마셔요

보호자들은 평소 반려견이 마시는 물의 양을 잘 기록해놓아야 한다. 평균보다 많은 물을 마시는 다음다갈증의 원인은 다음과 같다.

- 지나치게 더운 날씨
- 과도한 운동
- 소금이 너무 많이 들어간 음식을 먹거나 바닷물을 마신 경우
- 새끼를 낳은 암캐는 젖이 제대로 나오게 하기 위해 많은 양의 물을 마셔야 한다.

다음다갈증의 원인이 위에 설명한 내용 때문이라면 걱정할 필요가 없지만 다른 상황에서 물을 너무 많이 마신다면 질병에 의한 증상으로 봐야 한다.

당뇨병 혹은 요붕증, 만성 신장 기능 장애, 부신 혹은 갑상선 기능 장애, 간 질환, 독혈증 혹은 정신 질환을 의심해봐야 한다. 이러한 증상은

때론 코르티코스테로이드 치료에 의해 발생하기도 한다. 앞에서 언급한 모든 이상은 대단히 심각한 질병이므로 지체 없이 수의사의 진찰을 받아야 한다.

🐾 더운 날 격렬한 운동을 한 뒤에 목이 마른 것은 당연한 일이다. 그러나 집에서 너무 많은 물을 마신다면 병에 걸렸다는 신호일 수도 있다.

# 재채기를 해요

개가 잠에서 깼을 때 두세 번 재채기를 하는 것은 정상이다. 먼지가 많은 곳이나 건조한 땅에서 운동할 때나 에어로졸 스프레이 및 파우더를 사용한 후에 발작적으로 기침을 하는 것도 정상이다.

급작스럽게 경련을 일으키듯이 재채기를 하고 나서 고통스럽게 머리를 흔들고 코를 비비며, 콧물이나 피가 흘러나오고 숨소리가 거칠면 식물 씨앗이나 작은 가지 같은 이물질이 코에 들어갔을 수도 있다. 이 경우 제대로 진료를 하고 이물질을 완전히 제거해야 하므로 절대로 집에서 응급조치를 하려 하지 말고 바로 수의사에게 데리고 간다.

재채기를 하면서 코에서 피를 흘리거나 얼굴

🐾 단단한 물체와 부딪치면 재채기가 계속 나오기도 한다.

이 붓고 상처가 있다면 빨리 달리다 단단한 물체에 부딪쳤거나 교통사고를 당해서 코를 다쳤을 가능성이 있다. 상처가 더 이상 커지지 않도록 수의사의 진찰을 받는다.

　마지막으로 재채기는 호흡기 질환의 전조 증상이라는 점을 명심한다. 일단 이런 의심이 들면 다른 증상이 없는지 잘 관찰하고 필요한 경우 수의사에게 도움을 구한다.

# 눈물을 흘려요

일반적으로 개의 눈에서 약간의 투명한 분비물이 나오는 것은 정상이다. 일부 종의 경우 얼굴이나 눈꺼풀 모양 때문에 눈물을 더 많이 흘려서 눈 주변의 털에 계속 묻어나기도 한다. 특히 털이 흰 개들은 이런 현상을 피할 수 없다. 이러한 분비물은 하루에 한 번 혹은 필요할 때마다 면봉에 물을 묻혀서 조심스럽게 닦아줘야 한다.

평소에 익숙하지 않은 안개가 많은 곳에 가거나 차창 밖으로 머리를 내밀고 다니는 것도 눈에 자극을 줘서 계속 분비물이 나오게 할 수 있다. 특히 차창 밖으로 머리를 내미는 습관은 아주 위험하므로 금지해야 한다.

눈에서 분비물이 너무 많이 흘러나온다면 고름이 생겼거나 계속 통증을 느낀다는 신호이므로 지체 없이 수의사에게 데리고 가야 한다. 눈에 조금만 상처가 나도 시력을 잃을 가능성이 있으며 때로는 치료가 어렵기 때문이다.

눈에서 계속 분비물이 나오는 것은 결막염과 관련이 있으며, 수의사

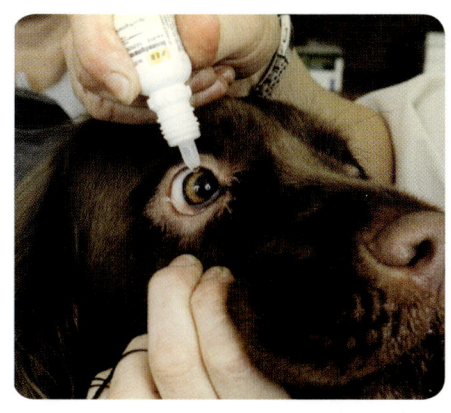
반려견의 눈에 문제가 생기면 수의사를 찾아가서 전문적인 조언을 듣는다. 눈은 대단히 중요한 감각 기관이므로 지체하면 안 된다.

의 즉각적인 도움이 필요한 심각한 병으로 고통 받고 있다는 뜻일 수도 있다. 속눈썹이 안으로 자라 눈을 찌르는 안검내번증이거나, 속눈썹이 눈꺼풀 안쪽 결막에 가깝게 자라거나, 얼굴 털이 눈을 찌르거나, 눈에서 생산된 방수가 배출되지 못하는 경우도 만성적인 결막염을 유발할 수 있다. 일부는 수술로 치유할 수도 있지만, 유전의 가능성이 있거나 위험할 수 있기 때문에 일반적으로 수의사들은 이와 같은 개들을 번식용이나 안내견으로 사용하면 안 된다고 충고한다.

개에게 눈은 대단히 중요하므로 치료를 미루거나 잘못 치료해서는 안 된다. 즉시 수의사에게 데려가서 치료를 받고 수의사의 처방전과 치료법을 철저하게 따른다. 과거에 아팠을 때 처방받은 안약이나 사람이 사용하는 약품은 절대로 사용하면 안 된다.

# 눈이 이상해요

반려견의 눈이 정상처럼 보이더라도 정기적으로 검사를 하는 것이 좋다. 검사는 반려견의 털을 다듬는 동안 하면 편하다. 다음 쪽의 표에서 보호자가 주목해야 하는 눈의 변화와 그것이 의미하는 바를 소개한다. 일반적으로 눈에서 나타나는 유전적인 결함은 다음과 같다.

- 진행성 망막 위축증: 빛에 반응하는 눈 뒤편의 조직이 점차 파괴됨
- 유전적 백내장: 눈의 수정체가 흐려짐
- 콜리 눈 기형: 콜리종에서 매우 흔한 눈의 결함
- 수정체 탈구: 수정체를 지탱해주는 인대가 약해지거나 파열돼서 수정체가 눈 밖으로 나옴

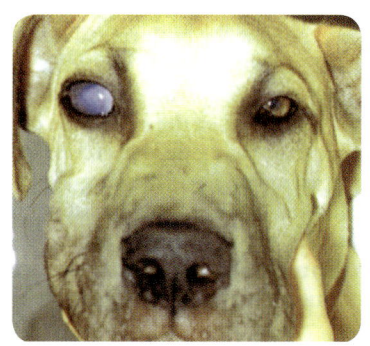

🐾 동공이 푸른빛으로 보이는 것은 녹내장 때문이다.

이상과 같은 유전적인 결함이 의심되면 수의안과 전문의에게 검진 받을 것을 권유한다. 특히 이런 증세를 가진 개를 번식용으로 생각하고 있다면 다시 한 번 고려해봐야 한다.

| 변화 | 원인 | 올바른 대처법 |
| --- | --- | --- |
| 각막이 초록색을 띠며 안구가 튀어나옴 | 녹내장 - 눈에서 생산된 방수가 배출되지 못해 안압이 올라감 | 지체하지 말고 수의사의 진료를 받는다. |
| 부어오른 눈꺼풀 | 벌레에게 물렸거나 쏘인 경우 혹은 알레르기 반응 | 일반적으로 수의사의 진료를 받으면 상태가 빨리 완화된다. |
| 위쪽 눈꺼풀을 들어 올리지 못함 | 안면 신경의 기능 부전 혹은 다른 질병 | 즉시 수의사의 진료를 받는다. |
| 각막이 불투명함. 보통 한쪽만 증상을 보임 | 각막염 혹은 각막 궤양, 눈의 외상, 눈물 생산 저하 혹은 호르몬 결함으로 나타남 | 즉시 수의사에게 진료를 받는다. 신속한 원인 진단과 약물 치료가 필수적이다. |
| 파란색 눈. 각막이 불투명한 파란색을 띠며 한쪽 눈만 변하기도 함 | 개 전염성 간염 바이러스 감염의 여파 | 보통 회복하는 데 3~4주가 걸림. 대개 간염의 증상으로 이미 수의사의 치료를 받고 있는 경우가 많다. |
| 불투명한 눈 | 백내장 - 수정체가 불투명해진다. 보통 상당히 느리게 진행되며 대상마다 시력에 미치는 영향은 다양하다. 유전적으로 발생한다. | 반려견이 움직이거나 살아가는 데 장애가 될 정도로 눈이 안 보인다면 수의사에게 상담을 받는다. 수정체를 제거하거나 인공 수정체를 장착하는 수술이 필요할 수도 있다. |
| 눈동자 위로 순막 돌출 | 보통 병이나 이상 상태 혹은 영양분 부족으로 눈의 지방분이 빠지는 경우 | 며칠 안에 나아지지 않으면 수의사의 진료를 받는다. |

| 눈 안쪽에 돌출된 빨간색 혹 | '체리 아이'로 불리며 눈의 분비샘이 커짐. 원인은 불분명함 | 지체 없이 수의사에게 진료를 받는다. |
| 밝은 곳에서 동공 확장 | 퇴행성 망막위축증 등 눈의 심각한 이상 | 즉시 수의사의 진료를 받는다. |

# 눈이 안 보여요

나이가 많은 개는 보통 백내장이 진행되면서 부분적으로 혹은 완전히 눈이 보이지 않게 되는 경우가 많다. 그러나 사람들이 신경을 써서 돌보고 행동반경 안에 예상치 않은 위험이 나타나지 않는다면 익숙한 환경에서는 후각이나 청각을 통해서 어려움 없이 살아간다.

늙어서 시각을 상실했다고 하더라도 건강하고 만족스럽게 살아간다면 사랑하던 반려견에게 이별을 고할 필요는 없다. 그러나 나이가 어리거나 혈기 왕성한 개가 갑자기 눈이 멀었다면 즉시 수의사에게 도움을 청한다. 이상이 초기에 발견되었다면 나이가 어릴수록 치료의 가능성이 높아지므로 신속하게 수의사의 진단에 따른다.

# 귀를 흔들거나 긁어요

평소에 반려견의 정상적인 귀 상태를 잘 관찰하는 것이 아주 중요하다. 그렇게 하면 일주일에 한 번씩 정기적으로 귀를 살펴볼 때 조금이라도 이상한 변화가 생겼다면 바로 알아챌 수 있을 것이다. 건강한 귀라면 밝은 갈색의 말랑말랑한 분비물이 나오는 것이 정상이다. 여기에서는 불쾌한 냄새가 나지 않아야 한다.

많은 개들이 잠에서 깰 때 거칠게 귀를 흔들거나 가끔 귀를 긁기도 한다. 그러나 머리를 힘껏 흔들거나 귀를 긁는 것은 이상이 있다는 증거이다.

만성적으로 귀를 흔들거나 긁는다면 잘 살펴봐야 한다. 귓속에 이상이 발생했다는 증거일 수도 있다.

### 이런 증상을 보여요

다음의 증상은 귀에 외이염 등의 이상이 생겼다는 것을 보여준다.

- 계속 귀를 긁고 머리를 흔든다.
- 아픈 귀 쪽으로 머리를 기울인다.
- 귀에서 어두운 고동색 분비물이 나온다.
- 이도와 귀에 열이 나고 부으며 통증이 있다.

### 이유가 있어요

외이염은 다음과 같은 다양한 원인으로 발생한다.

- 귀 안에 사는 작은 옴진드기
- 진균 감염
- 식물의 까끌까끌한 수염이나 씨앗 등의 이물질
- 알레르기 혹은 피부병의 확산
- 다양한 박테리아 감염
- 귀 구조상 이도에 공기가 잘 통하지 않는 경우. 축 늘어진 큰 귀나 이도에 털이 아주 많은 경우 귀지가 막혀서 세균 감염이나 염증을 유발할 수 있다.

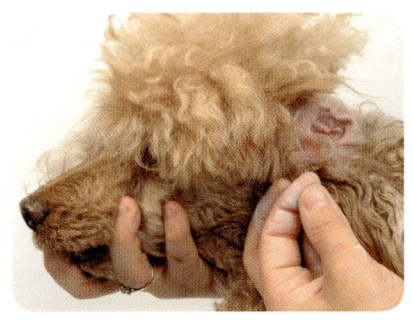

🐾 귀 안쪽에 자란 털을 제거할 때는 아주 조심스럽고 부드럽게 해야 한다. 반려견은 이 과정을 몹시 불편해한다.

### 이렇게 치료해요

귀와 관련된 모든 질병은 정확하게 진료를 받고 즉시 치료해야 한다. 단순한 이상이 심한 질환으로 급진전되어 치료를 하는 것이 어렵고 비용이 많이 들 수 있기 때문이다. 또한 고약한 냄새가 집 안에 퍼지는 것도 골칫거리이다. 더구나 귓병으로 생긴 심한 통증 때문에 반려견이 짜증을 내거나 귀를 만지는 사람을 물 수도 있다.

집에서 귓병을 치료하려고 해서는 안 된다. 이는 해당 증상에 적합하지 않거나 전혀 도움이 되지 않는 경우가 많다. 지체하면 결국 만성 질병으로 진행돼 수술로까지 이어질 수 있으므로 초기에 발견해서 즉시 수의사의 진단을 받아야 한다. 초기에 치료하면 시간과 돈을 절약하고 반려견이 겪을 고통을 미리 예방할 수 있다.

**이렇게 예방해요**

- 항상 귀 아래의 털이 엉키지 않게 잘 빗어준다.
- 목욕을 시킨 후에는 귀를 잘 말린다.
- 귓속의 불필요한 털을 조심스럽고 부드럽게 뜯거나 뽑아서 없앤다.
- 이도를 깨끗하고 바람이 잘 통하게 유지한다.
- 귓속 깊은 곳까지 닦아내려고 하지 말고 순한 소독약을 적신 솜으로 귀 표면만 닦아준다. 항상 손가락을 사용하고 절대 어떤 도구도 이용하면 안 된다.

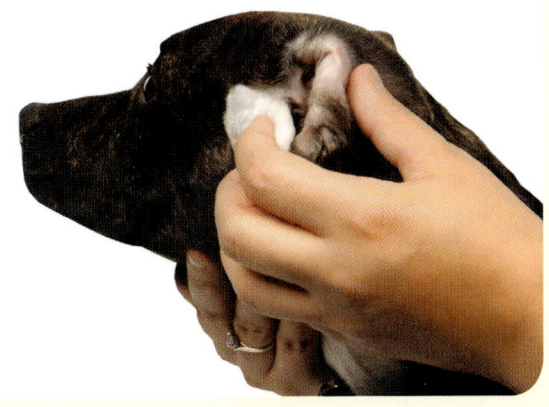

🐾 귀 안쪽을 깨끗하게 유지하는 것이 중요하지만 면봉이나 끝이 뾰족한 도구로 이도를 파면 안 된다. 항상 이도와 가까운 쪽만 닦아준다.

# 머리를 한쪽으로 기울여요

보통 이러한 증상은 귀에 이상이 있다는 것을 암시한다. 그러나 생후 약 4~5개월 된 강아지의 경우에는 이가 날 때, 좀 더 나이가 든 개의 경우에는 치통이나 편도선염 때문에 이런 행동을 하기도 한다. 이외에 다른 원인과 증상은 다음과 같다.

- 외이염이나 중이염이 확대되어 일어나는 내이염에 걸릴 시 전정기관 염증으로 확산된다.
- 이혈종으로 귀에 열이 나고 아프며 피가 차서 부어오른다. 2~3일 동안 천천히 커지며 개가 머리를 흔들기도 한다. 이런 증상은 싸움으로 인해 혹은 스스로 심하게 긁어대거나 강하게 머리를 흔들거나 부딪쳐서 생겼을 수 있다. 종종 외이염이 동반된다. 보통 개가 스스로 귀에 상처를 내는 것은 잠복해 있는 병이 있기 때문이며 부어오른 부분을 수술해서 속에 고인 피 등을 빼내야 하므로 즉시 수의사의 도움을 받아야 한다.

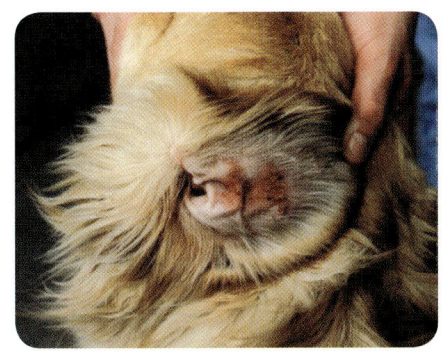
이도 입구가 딱딱하고 빨개지는 것은 외이염의 증상이다.

- 균형 감각을 조절하는 뇌의 부분이 손상된 경우이다. 이 경우 걸음걸이가 불안정하고 아픈 부위 쪽으로 빙빙 원을 그리거나 무의식적으로 눈동자가 양옆으로 움직이는 증상이 함께 보인다. 이런 증상이 발견되면 신속하게 수의사에게 데려가서 원인을 알아내야 한다.

# 숨을 이상하게 쉬어요

개는 편하게 쉬고 있을 때는 코로 숨을 쉬지만 뛸 때는 입으로 숨을 쉰다. 개가 헐떡이는 것은 쭉 내민 혀 위로 뜨거운 숨을 내뱉어 몸의 열을 식히는 과정이다. 가만히 쉬는 동안 깊게 숨을 헐떡이는 것은 불안하고 걱정이 된다는 신호이다. 예를 들어 동물병원 대기실에 있을 때 혹은 복부에 통증을 느낄 때 이런 모습을 보인다.

비정상적인 호흡은 다음과 같이 아주 중요한 5대 응급 상황과 관련이 있다.

- 위확장과 위염전
- 일사병
- 기도폐색
- 산욕급간(수유 시 젖 근육 강직성 경련)
- 가슴의 상처

개가 헐떡이는 것은 몸의 열을 식히기 위해서이다.

## 일사병

**이유가 있어요**

　뜨거운 열에 너무 오래 노출된 경우이다. 햇볕이 내리쬐는 장소에 주차한 밀폐된 차 안에 개를 남겨두었을 때 발생하는 전형적인 증상이다. 이런 증상은 특히 시추나 불독처럼 코가 짧은 개들에게 많이 발생한다. 뿐만 아니라 추운 지방 출신의 견종이나 피부가 두꺼운 견종, 그리고 고령견이나 비만견에게서 쉽게 발생한다. 혹은 과도하게 운동을 하거나 덥고 습한 날씨에 너무 흥분한 경우에도 많이 발생한다.

**이런 증상을 보여요**

　계속해서 헐떡거리고 불안해하며 침을 흘리고 고통스러워한다. 체온이 43℃까지 상승할 수 있으므로 몸에서 열이 나고 만져보면 아주 뜨겁다. 이러한 증상에 이어 의식을 잃고 쓰러져서 혼수상태에 빠지고 곧 죽게 된다.

**이렇게 치료해요**

　어떤 방법을 써서라도 가능한 한 빨리 몸을 식혀주는 것이 핵심이다. 양동이나 호스를 사용해서 몸 곳곳을 찬물로 식혀주고, 머리와 몸을 찬

물에 적신 타월이나 담요로 감싸거나 흐르는 물에 반려견을 담근다. 혹은 얼음이나 냉동된 음식을 이용해도 된다. 이 과정에서 개의 기도가 열려 있도록 주의해야 한다.

찬물로 10분 동안 적셔주면 충분하다. 체온을 너무 떨어뜨리면 오히려 역효과가 날 수 있으니 주의한다. 개가 의식을 되찾는 즉시 수의사에게 데리고 간다. 설사 완전히 회복된 듯 보여도 쇼크를 막기 위해 수액을 맞거나 다른 치료가 필요할 수 있으니 꼭 병원에 데리고 가야 한다.

## 기도 막힘

**이유가 있어요**

혀가 말려서 넘어가거나 공이나 조약돌 같은 이물질이 목구멍에 걸린 경우, 인두부종 그리고 물에 빠져서 물을 먹은 경우 등이 있다.

**이런 증상을 보여요**

기도가 부분적으로만 막힌 경우는 호흡을 하려고 헐떡이면서 평상시보다 훨씬 빠르고 가쁘게 숨을 쉰다. 보통 기도가 막힌 개는 엎드려서 목과 머리를 길게 빼고 있는다. 처음에는 가만히 누워 있지만 기도가 계속 막혀 있으면 몸을 꼬다가 곧 목숨을 잃는다.

> 이렇게 치료해요

　가능하면 빨리 이물질을 제거해 기도를 열어준다. 반려견이 물에 빠져서 이런 증상을 보일 경우, 들어 올릴 수 있을 정도로 몸집이 작은 개라면 재빨리 뒷다리를 잡아 머리를 아래로 향하게 하고 좌우로 흔든다. 이렇게 해서 폐와 기도에서 물이 빠져나오면 가슴을 마사지한다. 반려견이 숨을 멈추면 입을 다물게 하고 코에 공기를 불어넣는 심폐소생술을 실시한다. 서둘러 가장 가까운 동물병원으로 가고 도중에 휴대전화로 수의사에게 상황을 미리 알려둔다.

　반려견이 숨을 멈췄을 때 콧구멍 사이를 강하게 쳐주면 헐떡거리며 다시 숨을 쉬는 경우도 있다. 반려견의 몸을 타월로 힘차게 문질러주는 것도 많은 경우 효과가 있다.

🐾 체중이 가벼운 개라면 뒷다리를 잡고 거꾸로 들어 올린 채로 양옆으로 흔들어 폐 속의 물이 나오게 할 수 있다. 개가 무거워서 들어 올릴 수 없는 경우에는 옆으로 뉘여 혀를 잡아 뺀 다음 일정한 간격으로 가슴을 눌러준다.

# 털갈이를 해요

푸들이나 베들링턴테리어와 같은 몇몇 종을 제외한 거의 모든 개는 털이 빠진다. 계절에 따라 털갈이를 하기도 하지만, 래브라도레트리버처럼 추운 지역 출신의 털이 긴 개들은 따뜻한 실내에서 생활할 경우 일 년 내내 털이 빠진다.

털갈이를 시작하면 필요 없는 털이 빠지고 새 털이 자라도록 밖으로 나가 온몸의 털을 빗어주는 것이 좋다. 속 털이 빽빽하게 자라는 독일 셰퍼드와 몇몇 종은 봄에 털이 엄청나게 많이 빠진다. 따라서 이런 일상적인 상황에 미리 대비해두어야 한다. 그 외에 털이 빠지는 경우는 다음과 같다.

- 암캐의 경우 새끼를 낳고 수유를 한 후
- 전염병에 감염되거나 장기간 병을 앓은 후
- 노령견
- 부족한 영양 섭취, 영양 불균형

- 심한 소화불량이나 알레르기
- 호르몬 불균형: 털이 빠지는 것은 상당히 많은 경우 호르몬 불균형이나 부족 때문에 발생한다. 이때 목이나 옆구리에서 넓게 털이 빠지며 종종 좌우 대칭으로 일어난다. 원인을 확실하게 알아내서 효과적인 치료를 하기 위해서는 혈액 검사를 포함한 수의사의 진료를 받는 것이 좋다.

🐾 독일셰퍼드의 속 털은 아주 두꺼우며 봄에 엄청나게 많은 양의 털이 빠진다.

# 몸을 심하게 긁어요

사람과 마찬가지로 개 역시 가려움증 때문에 몸을 긁는다. 그러나 계속해서 몸을 긁는 것은 막아줘야 한다. 가려움증의 주요 원인은 털 속의 기생충이 피부를 물고 피를 빨기 때문이며 이는 결국 피부에 상처를 남긴다.

가장 일반적인 기생충은 벼룩, 이, 발톱진드기와 옴진드기이다. 옴이 있는 개는 심하게 몸을 긁어대는 것에 비해 모낭충이 있는 개는 계속해서 몸을 긁지 않는다. 몸을 긁어대는 다른 원인으로는 알레르기로 인한 피부 염증이 있다. 일부 경우 진균 감염도 이런 증상을 보이며, 자가 면역 질환이나 노이로제가 계속해서 몸을 긁어대는 과민증의 근본 원인이 되기도 한다.

개의 경우 주요 피부 질환의 원인은 기생충 감염이다. 그러나 증상이 원인별로 특정하게 나타나지 않기 때문에 피부 손상이나 염증이 보

🐾 개참진드기는 개에게서 많이 발견되는 단단한 기생 진드기이다.

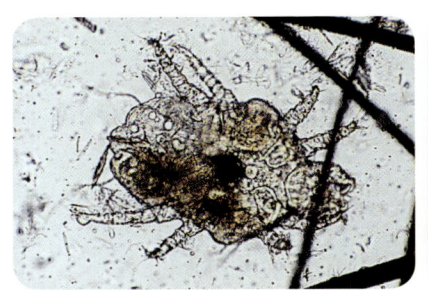 

🐾 발톱진드기 감염증은 털, 특히 등과 옆구리에 흰 비듬을 유발한다.

일 때는 수의사에게 데리고 가서 원인을 찾아내야 가장 효과적인 치료 방법을 찾을 수 있다. 수의사는 보통 피부 조직을 채취해서 현미경으로 조사한다. 동일한 병력이 있을 경우 해당 증상에 관련된 세부 사항, 염증이 발병한 시기와 기간, 증상을 유발시킨 특정한 계기, 주위 환경 혹은 먹이의 변화를 수의사에게 알려주는 것이 도움이 된다. 특히 잠자리나 다른 동물과의 접촉과 같은 반려견의 주위 환경에 관한 세부 사항을 알려주는 것도 진단을 돕는다.

마지막으로 개와 접촉한 사람이 피부병 증상을 보이는지를 수의사에게 알려주는 것도 중요하다. 이러한 모든 정보는 수의사가 비용을 절감할 수 있는 약품 및 가장 알맞은 치료 방법을 선택하는 데 유익하게 적용된다.

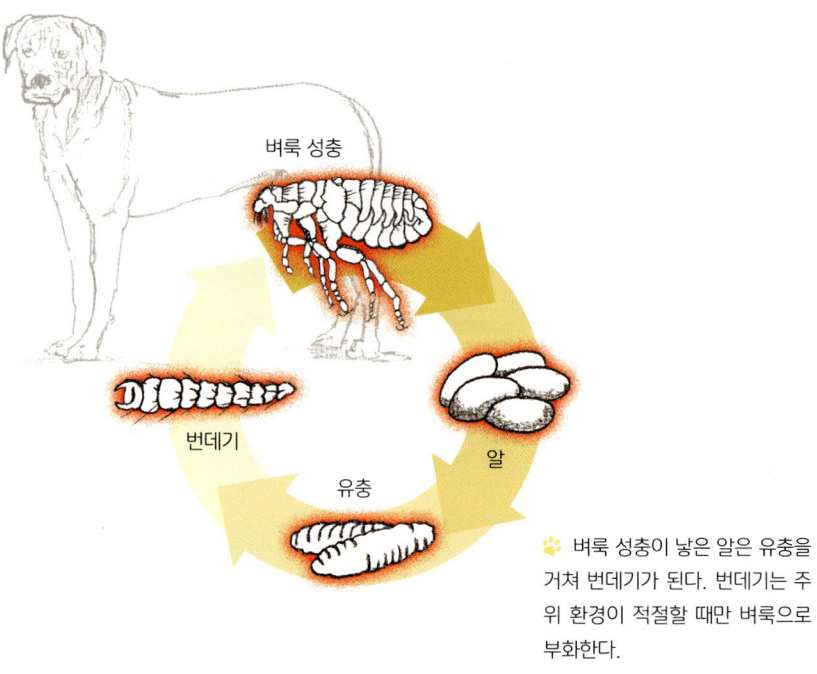

❁ 벼룩 성충이 낳은 알은 유충을 거쳐 번데기가 된다. 번데기는 주위 환경이 적절할 때만 벼룩으로 부화한다.

### 벼룩에 대해 반드시 알아야 할 사항

- 벼룩이 오염되고 지저분한 장소에서만 산다는 것은 잘못된 통념이다. 현대 주택의 중앙난방과 카펫은 벼룩이 만연할 수 있는 환경을 제공한다.
- 벼룩의 성충은 사실상 평생을 숙주의 몸에 붙어서 산다. 벼룩의 생애에서 중간 단계인 유충과 번데기는 집 안의 갈라진 틈, 가구, 발판 사이, 카펫 모서리 부근에 주로 몰려 있다.
- 벼룩 암컷은 일생 동안 알을 400~500개까지 낳으며, 이 알은 육안으로도 쉽게 발견된다. 알은 유충 단계를 거쳐 번데기가 되며 번데기는 성충으로 부화하는데 일 년까지도 발육이 정지된 상태로 남아 있을 수 있다. 이들은 온도와 습도가 적당하면 급격하게 부화한다.
- 벼룩에 감염된 개는 촌충에 감염될 수 있다.

## 벼룩

평소에 정기적으로 벼룩 검사를 해야 한다. 벼룩이나 벼룩의 배설물을 발견하면 즉각 개는 물론이고 집과 차에서 이를 퇴치하기 위한 행동에 나서야 한다. 그렇지 않으면 곳곳에 벼룩이 들끓어 오랫동안 고생하게 될 것이다. 더구나 벼룩에 물린 반려견이 과민 반응을 보이면 이를 치료하는 데 많은 시간과 비용이 든다. 실제로 피부 발진이 임시적으로 개선될 뿐 결국 영구적으로 약물 치료를 해야 하는 경우도 있다.

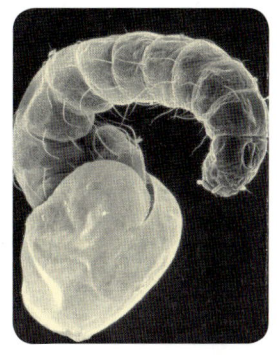

알에서 깨어난 벼룩 유충. 유충은 빛을 싫어해서 어두우면서 유기물 부스러기를 먹고 살 수 있는 카펫 가장자리와 같은 장소에서 사는 경향이 있다.

### 이런 증상을 보여요

작고 납작하고 길며 날개가 없는 갈색 벌레를 몸에서 찾아본다. 벼룩은 개의 털 사이를 통해서 피부 위를 기어 다니며 뛰어서 개의 몸 아래로 내려온다. 스스로 세심하게 털을 골라내는 개는 벼룩을 찾기가 힘들다. 목 주변이나 꼬리 뿌리 부위를 잘 살펴보는 것이 좋다.

벼룩이 있는 것 같지만 증거를 찾을 수가 없다면 수의사에게 데리고 간다. 수의사는 개의 털을 빗기면서 검은색의 벼룩 분비물을 찾아낸다. 모래알 크기 정도로 아주 작으며 젖은 압지 위에 놓으면 적갈색 점으로

🐾 성충 벼룩의 암컷은 하루에 알을 50개까지 낳는다.

모습이 분명히 드러난다. 벼룩이 무는 것에 민감한 반응을 보이는 개들에게는 복부에 발진이 일어나며 심각한 경우에는 등의 피부가 딱딱해지고 주름이 접히며 피부색이 진해진다.

### 이렇게 해봐요

수의사와 상담하면 치료용 스프레이, 살충력이 있는 목줄이나 구강 약품과 같이 각 상황에 가장 잘 맞는 벼룩 제거 제품을 소개해줄 것이다. 지금 있는 벼룩을 없애고 다시 감염되지 않게 하기 위해 해당 제품을 얼마나 자주 사용해야 하는지 확실하게 물어본다.

### 이렇게 예방해요

영국의 경우 아주 효과가 좋은 가정용 제품이 시중에 많이 나와 있다. 그중에는 당장 극성을 부리는 성충에 효과가 있는 살충제 성분과 벼룩 알과 유충이 부화돼 성충이 되는 것을 지속적으로 막는 성분이 함께 포함되어 있다. 이 중 어떤 제품은 직접 분사했을 경우 7개월까지 효과가 지속되기도 한다. 각자의 환경에 맞춰서 가장 비용을 절감할 수 있는 제품을 수의사에게 문의한다.

## 이

이의 성충은 동물의 피부에 붙어 피를 빨아먹고 살며 털에 알을 낳는다. 알은 성충의 모양을 닮은 새끼 이로 부화된다. 새끼 이는 숙주에서 떨어져 나오면 며칠도 살지 못하며 동물들에게 전염병을 퍼뜨린다.

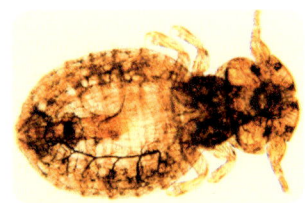
🐾 이의 성충

**이런 증상을 보여요**

이의 성충은 연한 갈색이고 통통하며 날개가 없고 다리가 짧다. 천천히 피부 위를 기어 다니며 특히 동물의 목이나 귀 주변에 낳은 알(서캐)은 털에 딱 붙어서 잘 떨어지지 않는다. 이가 있는 개는 몸을 자주 긁어대며 그 부위를 조사해보면 이가 서식하고 있다. 심각한 경우 어린 강아지에게 빈혈까지 일으킨다.

> **이렇게 해봐요**

이가 생긴 개는 정기적으로 살충제로 관리해야 하며 빗질을 해서 서캐를 털어내는 것이 좋다. 이는 동물에게 붙어서 살고 번식을 하므로 벼룩에 감염된 경우처럼 집 안이나 차까지 살충할 필요는 없다.

# 계속 방귀를 뀌어요

반려견이 다른 사람 앞에서 방귀를 끼거나, 배에서 꼬르륵거리는 소리를 내거나, 항상 헛배가 불러 있는 것은 보호자로서는 조금 창피한 일일 수도 있다. 하지만 특별한 질병과 관련된 증상은 아니며 별다른 문제가 되지는 않는다. 이런 증상이 나타나는 원인은 대개 다음 표의 내용과 같다.

### 헛배 부름의 원인

| 원인 | 대책 |
| --- | --- |
| 상한 음식 재료, 섬유소가 너무 적거나 많이 들어간 경우처럼 적절치 않은 먹이 | 소화가 더 잘되는 먹이를 줄 수 있도록 조언을 구한다. |
| 먹이의 갑작스러운 변화 | 먹이를 바꿀 때는 반드시 적어도 4~5일에 걸쳐서 점진적으로 진행해야 한다. |
| 사람이 먹는 음식 주기 | 간이 세거나 매운 음식은 개에게 소화불량을 일으킬 수 있다. 그러므로 이런 음식을 먹이로 주는 것은 피해야 한다. |

| 부패한 고기 | 개를 엄하게 관리하고 남은 음식은 반드시 잘 싸서 뚜껑이 있는 쓰레기통에 버린다. |
|---|---|
| 변비 | 호박이나 밀기울 등으로 섬유소 섭취를 올려주면 도움이 된다. 시판되는 특별한 먹이가 필요할 수도 있다. 수의사의 조언을 구한다. |
| 노령화 | 소화 기관의 근육 활동이 저하되고 단백질, 지방, 탄수화물을 소화하는 능력이 떨어진 경우이다. 소화하기 쉬운 먹이를 하루에 네 번으로 나눠서 조금씩 준다. 수의사는 특히 나이가 많은 개에게 맞게 제조된 시판용 먹이를 이용하라고 조언하기도 한다. |

방귀를 뀌거나 헛배가 부르는 증상은 췌장의 결함이나 설사를 일으키는 일반적인 소화불량과 관련이 있다. 수의사는 다양한 종류의 특별한 식이요법에 관해 조언해줄 것이다. 개는 각 연령대에 맞는 먹이가 있으므로, 혹시 다른 이유로 수의사에게 가더라도 항상 반려견의 먹이에 대해 상담하는 것이 좋다. 먹이의 양과 질을 잘 조절해주면 반려견이 병 없이 행복하게 살아갈 수 있고 수명도 연장할 수 있다.

# 꼬리를 물거나 엉덩이를 땅에 문질러요

개들이 흔히 이러한 행동을 하면 항문샘(혹은 항문선)에 이상이 발생했기 때문이다. 항문 주변 염증의 기본 원인이 기생충 감염이라는 통념은 사실상 근거가 없다. 만일 기생충 때문에 일어난 증상이라면 쌀 알갱이 모양의 기생충 마디가 항문 근처에서 발견될 것이다.

항문 양쪽에 있는 항문샘은 배변 때마다 배설물에 고유한 냄새를 남기며 완전히 비워져야 한다. 이런 냄새는 야생 개나 집 없이 떠도는 개에게는 유용하지만 집에서 키우는 반려견에게는 필요가 없다. 먹이에 섬유질과 같은 장내 불소화 식품을 더 늘리면 항문샘이 더욱 정기적으로 비워질 것이다.

너무 가득 찬 항문샘은 사람의 손으로 관리해주지 않으면 항문낭에 항문낭액이 고이고, 이것이 오래 고여 있으면 악취뿐만 아니라 염증을 일으킨다. 게다가 심하면 터져서 항문낭 파열이라 부르는 상태가 된다. 정기적으로 수의사에게 검진을 받아서 항문샘의 내용물을 비워주면 이를 예방할 수 있다. 노련한 수의사는 마취를 하지 않고도 빠르게 검진을 한다. 문제가 계속 발생하는 경우에는 항문샘 제거 수술을 받을 수도 있다. 앞에서 말한 증상들을 유발시키는 다른 원인으로는 다음과 같은 것이 있다.

- **항문 절양다발증**: 항문 주위 피부에 아물지 않은 상처가 나서 고름이 나오며 아프다. 원인은 알려지지 않았지만 비정상적인 면역 반응 때문인 것으로 추정된다. 이 증상은 거의 독일세퍼드와 벨기에세퍼드에게만 나타난다.

- **항문 주위 선종**: 항문 주위에 양성 종양이 생기며, 땅에 쓸리거나 핥아서 껍질이 벗겨지거나 궤양이 생길 수 있다. 이 부위는 자연적으로 치유되지 않으므로 즉시 수의사를 찾아간다.

🐾 개는 보통 항문샘에 이상이 있을 경우 사진과 같이 엉덩이를 문지르는 행동을 한다. 기생충이 상처 난 항문 부위에 자극을 주는 것일 수도 있다.

# 설사를 해요

설사는 묽은 배변이 평소보다 자주 나오는 증상이다. 반려견이 평소에 변을 보는 횟수, 농도, 색, 양을 잘 파악해놓고 있다가 조금이라도 변화가 있으면 주의하는 것이 좋다. 성견은 하루에 한두 번 변을 보는 것이 일반적이며 세 번까지도 정상으로 간주할 수 있다. 강아지는 하루에 세 번에서 여섯 번까지도 변을 본다. 일반적으로 설사는 다양한 질병과 관련이 있으며 어떤 경우에는 심각한 질병의 증상이기도 하다.

설사의 원인 가운데 수의사가 우려하는 부분은 다음과 같다.

- 세균 감염
- 바이러스 감염
- 기생충 감염
- 독, 특히 식물이나 금속의 독
- 장 기능 저하나 결장암과 같은 기능 장애

🐾 강아지가 계속 설사를 하는 것은 심각한 문제이다. 바로 수의사를 찾아가자.

- 특히 췌장의 기능 부전으로 인한 효소 부족
- 때론 스트레스와 관련이 있다. 특히 겁이 많은 개에게서 나타난다.

**이렇게 치료해요**

- 열두 시간 동안 먹이를 주지 않는다.
- 항상 자유롭게 물을 마실 수 있게 한다. 설사를 할 때 물을 마시지 않으면 탈수증이 올 수 있다.
- 금식이 끝나면 쌀밥과 함께 스크램블드에그 혹은 생선을 주기 시작한다. 적은 양을 하루에 여러 번 준다.

설사가 계속되거나 다른 질병의 증상을 보이면 다른 병에 걸렸거나 앞에 설명된 원인 때문일 수 있으므로 지체하지 말고 수의사에게 데리고 간다. 어린 강아지는 순식간에 탈수가 일어날 수 있으므로 가능한 한 빨리 수의사에게 진료를 받게 한다.

# 대변에 피가 섞여 나와요

이따금 대변에 아주 약간씩 피가 섞여 나오는 것은 항문 주위의 미세혈관이 파열된 것으로, 개가 건강하다면 그리 걱정할 문제는 아니다. 하지만 아무리 적은 양의 피라도 지속적으로 보인다면 수의사에게 데리고 가야 한다.

식도, 위, 소장에서 내려온 소화액은 대변을 검게 만든다. 변에 선홍색의 핏자국이 남는 것은 대장에 이상이 생겼기 때문일 수 있다. 디저트 스푼 하나 분량(10~15ml)이나 그 이상의 선홍색 피가 변과 함께 나오는 증상은 심각한 질병이 있음을 알려준다. 특히 개 파보바이러스 감염과 관련이 있으므로 즉시 수의사에게 데려가야 한다. 또한 독극물에 감염됐을 때도 이런 증상을 보인다.

직장에 생긴 용종이 변비나 통증의 원인이 되기도 하며, 이 때문에 변에 피가 묻어서 나온다. 이런 용종은 악성은 아니지만 이를 제거하는 수술에 대해서 수의사와 상의해보는 것이 좋다.

# 변비에 걸렸어요

개는 일반적으로 변비에 잘 걸린다. 크기가 작은 종은 더욱 그렇다. 그러나 변비가 계속되거나 반려견이 고통스러워한다면 신속하게 수의사에게 보여야 한다. 변비를 일으키는 일반적인 원인은 다음과 같다.

- 적은 배설물, 고기로만 된 먹이
- 씹어서 삼킬 수 있는 뼈가 먹이에 포함된 경우
- 하루 종일 실내에 있어 운동이 부족한 경우
- 차로 먼 거리를 이동하느라 평소처럼 배변을 볼 기회가 없었던 경우
- 꼬리 아래 엉켜 있는 털

### 응급처치

위에 나온 원인 때문에 변비가 생겼다면 체중이 13.5kg인 개의 경우 디저트 스푼 하나 정도의 약용 파라핀 용액을 준다. 많은 양을 준다고

해도 해롭지는 않지만 초과량은 항문으로 배설되어 버린다.

　변비 혹은 변을 보기 힘든 증상을 유발하는 일반적인 원인은 다음과 같다.


- 전립선이 비대해진 늙은 수캐
- 직장 협착인 경우 선천적인 기형도 있지만, 대부분은 뼛조각과 같이 날카로운 물체가 통과할 때 너무 힘을 줘서 생긴다. 상당히 힘을 줘야만 변을 볼 수 있고 선홍색 피가 약간 섞여서 나올 수 있다. 미루지 말고 수의사와 상담하는 것이 좋다.

## 소변을 안 봐요

개가 스스로 소변을 보지 않는 경우도 있다. 특히 암캐는 낯선 곳에서는 24시간 동안이나 소변을 참을 수 있다. 그러나 다른 상황에서 소변을 누지 못하거나 힘들게 누는 것은 심각한 응급 상황이라 할 수 있다. 증상이 24시간 이상 계속될 경우 그냥 지나쳐서는 안 된다. 식욕 상실이나 구토와 같은 다른 증상이 동반된다면 조금이라도 빨리 수의사에게 진료를 받아야 한다. 소변을 볼 수 없는 경우 방광의 통증은 몹시 괴롭다.

이 경우 수의사들이 주목하는 원인은 방광의 염증, 요도 염증, 방광 결석, 요도 혹은 질의 종양 또는 전립선 질환이다.

# 대소변을 지려요

이런 경우 강아지나 성견이 대소변 훈련을 제대로 하지 못한 것인지, 아니면 실제로 요실금 증세를 보이는 것인지를 분명하게 구분해야 한다. 실금은 개가 스스로 인식하지 못하는 사이에 소변을 흘리는 것이다. 대부분의 개는 배변 훈련이 가능하지만 극소수의 경우 훈련에 실패하기도 한다. 마찬가지로 수캐나 발정기의 암캐가 영역 표시를 하는 행위와 실금을 혼동해서도 안 된다.

❋ 흥분을 하거나 사람들을 맞을 때마다 소변을 질금거릴 정도로 지나치게 복종적인 암캐는 요실금의 단면을 보여준다.

🐾 노령견이 집 주변에 오줌을 흘리고 다닌다고 화를 내면 안 된다. 이는 개 스스로도 인식하지 못하는 무의식적인 행동이다.

    병을 앓는 동안 혹은 노령견의 경우는 밤사이에 실금을 하는 것이 일반적이다. 이러한 개의 잠자리는 폴리에스테르 섬유로 만든 깔개 위에 합성섬유 시트를 깔고 그 위에 신문지를 두껍게 펼쳐놓으면 좀 더 위생적이고 편리하게 관리할 수 있다. 소변이 밑으로 빠지기 때문에 깔개가 흥건히 젖는 것을 방지해준다.

    관절염에 걸린 개는 특히 아침에 깨자마자 소변을 보려고 잠자리에서 일어나는 것이 힘들어서 '사고'를 저지르기도 한다. 어린 강아지 혹은 중년이나 노년의 암캐가 난소 제거 수술을 한 경우에도 요실금 증상을 보일 수 있다. 특히 덩치가 큰 암캐일수록 이런 증상이 더 많이 나타난다. 이런 경우 호르몬 치료로 효과를 볼 수도 있다. 수술을 통해서 요실금을 고쳐야 하는 경우도 있으며, 적당한 대처 방법에 대해 수의사에게 조언을 듣는다. 어린 강아지의 요실금은 비뇨 기관의 선천적인 결함 때문일 수 있으며 거의 수술로 해결된다. 강아지가 밤낮으로 소변을 계속 흘리고 다닌다면 즉시 수의사에게 진료를 의뢰하자.

요실금은 중풍이나 방광의 염증 혹은 방광 결석과도 관련이 있다. 물을 과다하게 마시는 증상을 동반하는 질병에 걸려도 소변을 평소보다 자주 배설하게 된다.

과다 복종 등의 다양한 원인으로 요실금이 나타날 수 있기 때문에 그 자체로는 심각한 증상이 아니다. 그러나 다른 증상이 동반되거나, 개가 소변을 볼 때마다 불편해하고 통증을 느끼거나 소변에 피가 섞여 나오면 지체하지 말고 병원에 가는 것이 좋다.

# 소변에 피가 섞여 나와요

발정기인 암캐나 최근에 새끼를 낳은 암캐의 질에서 피투성이의 분비물이 소변과 섞여 나오는 것은 정상이다. 그러나 이외의 상황에서 소변에 피가 섞여 나오는 혈뇨는 심각한 증상이다. 가능하면 서둘러 수의사에게 진료를 받는 것이 좋다.

암캐가 소변을 볼 때마다 피가 나오는지, 피가 처음에 나오는지 나중에 나오는지, 아니면 계속 나오는지를 주의 깊게 살펴본다. 힘겹게 소변을 보는지와 소변을 보기 전이나 중간 혹은 후에 통증을 느끼는지도 기록해놓는다.

❉ 방광 결석은 세균 감염으로 생성되는 스트루바이트 결정체 때문이다. 이는 소변에 피가 섞여 나오는 가장 흔한 원인이다.

소변에 피가 섞여 나오는 원인들 중에서 수의사들이 주목하는 또 다른 원인은 방광 결석, 방광염, 병적 증식, 종양(거의 드문 경우), 교통사고로 인한 외상, 신장 질환이나 전립선 질환이다.

 암캐와 수캐 공통으로 패혈증, 독혈증, 쥐약 중독 등도 소변에 피가 섞여 나오는 원인이 될 수 있다. 이외에도 원인은 수없이 많기 때문에 이런 경우 항상 수의사와 상담하는 것이 좋다.

# 생식기에서 분비물이 나와서 자꾸 핥아요

수컷의 음경 포피에서 희끄무레한 점액의 분비물이 나오는 것은 정상이며, 암컷 강아지도 외음부에서 점액이 분비된다. 암컷과 수컷 모두 생식기 부분을 핥아서 청결을 유지하는 것은 일반적인 행동이다. 발정기의 암컷은 외음부에 더 관심을 기울이며 새끼를 낳은 다음에도 마찬가지이다.

그러나 분비물이 너무 많이 나오거나 고약한 냄새를 풍기거나 생식기에 손상이 생겼거나 생식기 핥기에 집착하는 것은 비정상이다. 이런 반려견은 수의사에게 데려가서 원인을 진단해야 한다. 수컷의 경우 음경의 끝부분에 귀두염이나 귀두포피염이 생겼을 수도 있다.

암컷의 경우 외음부에서 지독한 냄새가 나고 피가 섞인 분비물이 나오는 증상은 개방성 자궁축농증일 때 발생한다.

# 배가 볼록해요

밥을 먹은 뒤에 어린 강아지의 배가 볼록하게 팽창되는 것은 정상이지만 배가 지나치게 볼록해진다면 먹이의 양을 줄이되 횟수를 늘려서 여러 번에 걸쳐 나눠서 주는 것이 좋다. 만약 성견이 이런 증상을 보인다면 하루 두세 번에 걸쳐서 조금씩 먹이를 주고, 특히 건조 사료를 주는 경우 이런 방법을 더욱 고려해봐야 한다.

털이 빈약한 데다 어깨와 뒷다리, 엉덩이는 말랐으면서 배만 올챙이

🐾 어느 정도 나이를 먹어서 나온 배와 올챙이배를 확실히 구분해야 한다. 올챙이배는 몸의 다른 부분과 비율이 맞지 않을 정도로 심하게 팽창된 것이다.

처럼 불룩 나온 강아지는 기생충에 감염됐을 가능성이 높다. 그러나 지레 짐작하고 기생충 약을 구입하기 전에 먼저 수의사에게 검사를 받아야 한다. 수의사는 가장 효과적인 치료법을 알려줄 것이다. 특히 배변 샘플을 검사해서 기생충 감염이 확실해지면 약 복용 주기와 같은 투약법을 조언해준다.

성견에게서 나타나는 심각한 복부 팽창의 가장 일반적인 원인은 위 팽창과 위가 뒤틀리는 고창증이다. 이는 위가 발효된 음식과 가스로 가득 차 갑자기 팽창되는 증상이다. 위가 비틀리며 목구멍에서 이어지는 입구와 소장으로 나가는 출구가 동시에 막히게 된다. 일반적으로 체중이 18kg 이상인 개에게 가장 많이 일어난다.

**이런 증상을 보여요**

보통 먹고 난 직후 갑작스럽게 눈에 띌 정도로 복부가 팽창한다. 이 상태는 특히 유난히 식탐이 많고 가슴이 두툼한 종에게서 많이 보인다. 이런 증상이 오면 개는 엄청난 통증을 느끼며 호흡하는 데 어려움을 겪는다. 구토를 하거나 변을 보려고 시도하지만 위가 뒤틀리기 시작하면 아무것도 할 수가 없다. 이렇게 되면 맥이 풀려서 쇼크 증상을 보이며 매우 고통스러워한다.

**이유가 있어요**

아직 확실한 원인은 밝혀지지 않았다. 다만 먹이를 먹은 후 과격한 운동을 하거나, 건조한 먹이를 먹고 엄청난 양의 물을 마시거나, 소화가 안 된 물질로 유문부가 막히거나, 위에서 과다하게 발효 작용이 일어나거나, 한꺼번에 급하게 너무 많이 먹어서 위에 지나치게 부담이 되는 경우에 이런 증상이 일어나는 것으로 짐작된다.

과식을 한 경우가 아니라면 올챙이배의 다른 원인은 심장 질환, 복수, 임신이나 상상 임신, 자궁축농증, 호르몬 장애, 기타 체액의 정체를 일으키는 심각한 복부 질병을 들 수 있다.

먹이를 먹고 난 다음에 갑자기 복부가 팽창하는 것은 좋은 신호가 아니다. 특히 몸집이 큰 개에게 복부 팽창은 심각한 문제를 일으킬 수 있으므로 반려견을 잘 살펴봐야 하다.

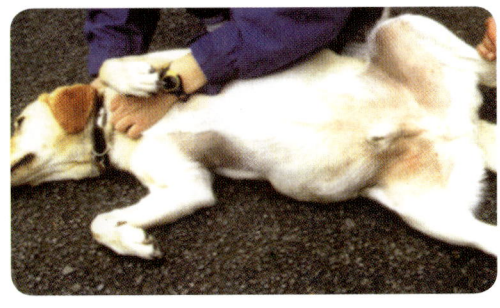

🐾 심장 질환 또는 간 질환이 있으면 배에 물이 차는 복수 증상이 나타날 수 있다. 사진과 같이 복부가 눈에 띄게 부어오르게 된다.

### 이렇게 해봐요

이 증상이야말로 즉시 수의사에게 데려가야 할 응급 상황이다. 치명적인 상황으로 돌변할 수 있으므로, 의학적인 방법으로 가스를 분출시키고 위를 비우는 것이 필수적이다. 이 상태와 밀접한 연관이 있으며 목숨까지 위협하는 순환 장애를 없애기 위해서 노력해야 한다. 즉시 수의사에게 연락을 하고 재빨리 병원으로 데리고 갈 준비를 한다.

### 이렇게 예방해요

수의사가 이런 상황이 다시 발생하는 것을 막기 위해 필요한 여러 예방책을 알려줄 것이다. 조금 더 촉촉한 먹이를 조금씩 여러 번에 걸쳐서 나눠 주고 밥그릇을 높은 곳에 두는 방법 등이 있다.

# 절뚝거려요

개가 절뚝거리는 것은 통증이나 다리의 '구조적인' 문제 때문이다. 일반적으로 가만히 서 있을 때는 아픈 쪽 앞다리에 체중을 싣지 않으며, 걸을 때 아픈 다리에 힘을 주지 않으려다 보니 머리를 끄덕이거나 앞으로 떨어뜨린다. 이와 유사하게 정상인 뒷다리가 땅에 닿을 때 아픈 쪽 엉덩이와 뒷다리가 힘없이 뚝 떨어진다. 개가 발을 공중에 들고 있으면 대부분 발에 문제가 있는 경우가 많다. 발을 조심스럽게 땅에 놓거나 다리를 끌며 걷는다면 발 위쪽에 상처가 있을 가능성이 높다.

심각한 절뚝거림의 원인은 대부분 쉽게 진단할 수 있다. 뾰족한 가시나 돌 조각, 타르 덩어리, 티눈이 발바닥 사이에 박혀 있지 않은지 잘 살펴본다. 또한 다리 전체를 잘 살펴보고 부종이나 변형, 통증, 기능 상실, 피부의 상처 등의

증상이 있는지 검사한다. 대부분의 경우 즉시 수의사에게 데리고 가는 것이 현명하지만 개가 건강하고 잘 먹으며 통증이 심각하지 않을 때는 24시간 정도 기다려보아도 좋다. 이외에 절뚝거리는 원인은 다음과 같은 것이 있다.

**관절염**: 수의사에게 통증을 경감시키는 데 효과가 좋은 다양한 제품들을 조언받을 수 있으며, 이 증상은 지속적으로 약물 치료를 해야 한다. 일부 경우에는 수술이 필요할 수도 있다.

**골절**: 보통 교통사고나 낙상으로 인해 일어나며 급작스럽게 아주 심한 고통이 오고 한눈에 보기에도 변형된 다리에 체중을 싣지 못한다. 재빨리 수의사와 연락해서 진료를 받고 교정한다.

**탈구**: 사고로 인한 관절의 상처로 관절과 연결된 한 개 이상의 뼈가 탈구된 것이다. 엉덩이와 어깨 관절이 가장 빈번하게 탈구된다. 관절강 내

❀ 개가 한 다리를 들고 걷는다면 이물질이 발을 찌르거나 발바닥 사이에 무언가 박혀 있을 가능성이 있다.

출혈이나 골절이 있을 수 있으므로 즉시 수의사와 상담한다. 일반적으로 탈구 교정은 빨리 할수록 성공할 확률이 높다.

**염좌**: 관절을 받쳐주는 인대나 힘줄이 뒤틀려 심하게 늘어나거나 끊어진 상태이다. 즉시 관절 부위에 얼음이나 냉동식품을 사용한 차가운 습포를 올려 붓기와 통증을 줄인다. 신속하게 수의사를 만나서 손상 정도를 확인하고 사후 치료 방법을 의논해야 한다.

**좌상**: 근육이 손상된 경우이다. 특히 경주견은 근육이 갑자기 늘어나거나 비틀렸을 때 근육이 잘 끊어지거나 손상된다. 좌상의 대처 방법은 위에서 기술한 염좌의 응급처치 요령과 같다. 처치가 끝나면 다른 다리도 점검해보고 신속하게 수의사에게 데리고 가서 별도로 진단을 받고 향후 치료 방법을 상의한다.

**발가락 사이의 염증이 일어난 종기**: 일부 개는 이러한 종기가 연속적으로 나며 거의 앞발에 생긴다. 근본적인 원인은 발의 땀샘 때문인 것으로 보이나 일부 경우 발가락 사이에서 안쪽으로 자라는 무성한 털이나 신체적 혹은 화학적 자극과 관련이 있다. 포낭은 세균에 감염되기도 하며 대부분의 경우 풀씨가 박혀 생긴다. 대개 발 표면에 생긴 포낭은 자연적으로 터진다. 이 증상이 생긴 개는 절뚝거리고 발가락 사이의 윗부분이 빨갛게 부어오르며, 개는 계속해서 해당 부위를 핥고 털이 갈색으로 변한다. 신속하게 수의사에게 데리고 가서 치료를 하고 향후 예방법을 들어야 한다. 경우에 따라 종기를 째고 오랜 기간의 항생제 치료가 필요할 수 있다.

# 기침을 해요

개가 짖고 난 다음에 가끔씩 기침을 하는 것은 정상이다. 그러나 갑자기 기침을 계속한다면 다른 개와 격리해서 안정시키고 즉시 수의사에게 데리고 가야 한다. 가끔 기침을 하고 그리 심하지 않더라도 기침이 일주일 이상 계속될 경우에는 진단이 필요하다. 기침은 다음과 같이 심각한 질병이나 상태와 관련이 있다.

- 개 디스템퍼(급성 전염병)
- 개 전염성 기관지염
- 심장 질환
- 호흡기 질환

그 외에 가능한 원인으로는 다음과 같은 것이 있다.

- 자극 물질을 호흡했거나 알레르기 반응으로 인한 기관지염

- 교통사고 등으로 인한 가슴 부상
- 인두염, 후두염, 편도선염. 특히 편도선염은 대개 심각한 전염병의 초기 증상이라는 점을 염두에 두고 가볍게 생각하면 안 된다. 일부 종은 편도선염이 재발할 여지가 많은 것으로 보이며, 이 경우 편도선 제거 수술을 받는 것이 좋다.

❖ 계속 기침을 하는 것은 대체로 심각한 병의 증상이다. 따라서 가볍게 넘기지 말고 수의사에게 데리고 가자.

# 먹는 걸 힘들어해요

개가 먹는 걸 힘들어하는 가장 일반적인 원인은 충치와 잇몸 질환이다. 현재 수의치과 전문의들의 연구와 진료가 나날이 발전하고 있어 치아를 뽑지 않고도 통증을 최소로 줄일 수 있다. 질환이 의심되면 즉시 수의사를 찾아가자. 이외에 먹이를 먹는 데 어려움을 겪는 원인은 다음과 같다.

**구강 내의 병적 증식 혹은 종양 형성**: 가능하면 빨리 수의사의 진단을 받고 종양을 제거한다. 치료 결과는 아주 성공적이다.

**입안에 박힌 이물질**: 갑작스럽게 발생한 구취, 숨 막힘, 헛구역질, 침과 거품 흘러내림, 앞발로 긁어대기, 입 비비기 등의 증상이 나타난다. 일반적으로 뼛조각이나 막대기가 윗열육치 사이의 입천장에 박히거나

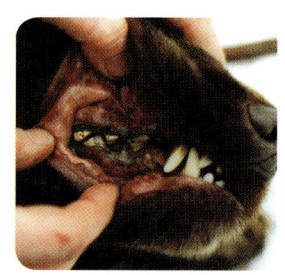

🐾 치아를 잘 관리하지 못하면 먹는 데 어려움을 겪게 될 수 있다.

천 조각이나 끈이 치아에 끼이거나 고무줄이 혀에 붙는 것 등이 원인이다. 이물질이 쉽게 떨어지지 않으면 직접 제거하려고 하지 말고 수의사에게 데리고 가는 것이 좋다. 이물질을 제거하는 동안 진정제가 필요할 수도 있다.

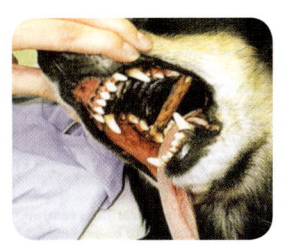

🐾 이 개는 윗열육치 사이에 나무토막이 걸렸다. 이때는 수의사의 도움이 필요하다.

**부러진 치아**: 가끔 개의 치아가 부러지는 일이 있는데 이는 사람들이 단단한 공이나 돌을 던지고 주워 오는 놀이를 시키기 때문이다. 처음에는 부러진 이를 만지기만 해도 아프지만 일단 신경이 죽으면 통증이 잦아든다. 그러나 그 결과 턱뼈 안에서 점차 농양이 생성되며 결과적으로 더 큰 통증이 생기게 된다. 치아가 부러지면 수의사의 진료를 받는 것이 현명하다.

**기형 치아**: 치아 위아래가 잘 맞지 않는 경우는 대부분 유전적인 요인에 의한 것이며, 이 문제를 해결하면 후대에 유전되는 것을 예방할 수 있다. 이러한 기형은 그리 큰 문제를 유발하지는 않는다.

**잔존 유치**: 때가 되어도 유치가 빠지지 않는 경우가 가끔 있는데, 이는 영구치를 안 좋은 위치로 밀어낸다. 빠지지 않은 유치를 뽑아내야 하는지에 대해서는 수의사와 의논한다.

# 입 냄새가 심해요

대개 가벼운 구취는 생선을 많이 먹은 경우와 같이 개의 먹이와 관련이 있다. 쓰레기통을 뒤져 먹은 썩은 고기나 밥찌꺼기도 불쾌한 구취를 만든다. 구강은 자연적으로 발생한 많은 세균의 온상이다. 이런 세균은 치아의 표면에 막처럼 달라붙어 있으며 이와 잇몸 사이의 틈새로 퍼져서 치태를 형성하며, 이것이 석회화되어 치석이 된다. 치석은 치아의 표면에 굳어서 엉겨 붙은 물질이다. 구취가 생기는 것은 바로 이 세균 침전물의 활동 때문이다.

많은 보호자들이 뼈를 주는 것이 반려견의 치아를 청결하게 유지하는 데 도움이 된다고 생각한다. 그러나 이는 잘못된 생각이며 뼈를 씹다 보면 치아가 상할 수 있고 소화 기관에 박히거나 변비를 일으키기 때문에 오히려 반려견에게 해가 된다. 강아지가 씹을 수 있게 만들어진 생가죽이나 장난감을 주면 잇몸에 염증이 생기는 것을 예방할 수 있다. 수의사나 간호사와 의논해서 반려견에게 가장 적당한 제품을 구입한다.

반려견의 치아를 일주일에 두세 차례 닦아주는 것만으로도 잇몸과 입을 청결하고 건강하게 유지할 수 있다. 애견 전용 치약과 칫솔이 판매되고 있으며 이 중에서 클로르헥시딘이 함유된 제품이 제일 좋다. 사람이 쓰는 치약은 동물에게는 너무 거품이 많이 나고 향이 강하기 때문에 사용하면 안 된다. 개는 치약을 뱉을 줄 모르기 때문에 이를 삼켰을 경우 소화 장애를 일으킬 수 있다. 소금이나 베이킹소다는 개에게 치명적이므로 절대로 사용하면 안 된다. 특히 심장 질환이 있는 노령견에게는 더욱 조심해야 한다.

구취가 오래 지속되고 정도가 심하다면 수의사에게 데리고 가서 검진을 받는 것이 좋다. 이 밖에 반려견의 심각한 구취를 유발하는 원인은 다음과 같다.

**잇몸 염증**: 잇몸 염증은 치석 축적과 관련이 있다. 바로 이것이 개의 치아가 빠지는 가장 일반적인 원인이다. 평소에 치아를 잘 닦아주고 스케일링을 받는 것만으로도 개의 건강과 편안함에 큰 도움이 된다. 단단하

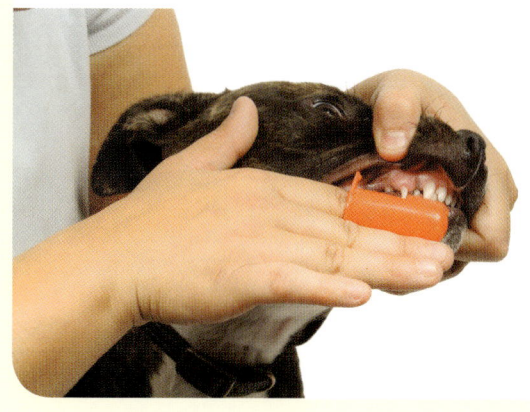

❖ 적어도 일주일에 한 번씩 반려견의 치아를 닦아주면 구강 위생을 잘 유지할 수 있다. 애견 전용 치약과 사진과 같은 '손가락 칫솔'은 반려동물 용품점에서 쉽게 구할 수 있다.

고 오독오독 씹히는 먹이를 주고 애견 전용 껌을 이용하는 것도 이런 증상을 예방하는 데 도움을 준다.

**입에 박힌 이물질**: '091 먹는 걸 힘들어해요' 편을 참고한다.

**충치**: 먹이를 먹는 데 힘이 들고 간혹 치아 뿌리가 붓거나 종기가 생긴다. 가장 많이 썩는 치아는 윗열육치이며 이 때문에 눈 바로 아랫부분과 주둥이의 연결 부위가 붓는 안면 종기가 생긴다. 이 종기가 터지면 통증이 매우 심하다. 썩은 치아를 때울 수도 있지만 그리 효과적이지는 않으며 수의사에게 데리고 가면 보통 마취를 하고 통증이 심한 충치를 뽑아준다.

구취는 이외에도 심장 질환이나 간 질환 같이 심각한 병 때문에 유발되기도 한다.

# 경련이나 발작을 일으켜요

새로 태어난 강아지가 쉬는 동안 몸을 씰룩거리거나 개가 자면서 꿈을 꾸는 동안 씰룩거리거나 끙끙거리는 것은 지극히 정상이다. 이와 달리 '발작'이란 개가 활동할 때가 아닌 쉬거나 잠을 잘 때 전형적으로 일어나는 경련성 발작을 가리킨다. 발작은 보통 몸이 경직되는 강직기 단계로 시작해서 근육이 떨리고 경련이 일어나 무의식적으로 발을 허우적거리는 간헐적 경련기 단계로 발전한다. 이때 자신도 모르게 대소변을 볼 수도 있다. 이런 경련은 1~2분 동안만 지속되며 개는 금방 회복되어 완전히 정상으로 돌아온다.

그러나 이런 경련이 오랫동안 지속되고 경련이 끝난 뒤에도 몇 시간 동안이나 멍해지고 방향 감각을 잡지 못하는 경우도 있다. 이 경우에는 개의 감각 중에 시각이 가장 늦게 정상으로 돌아온다. 개는 보통 경련을 겪은 후에 게걸스럽게 먹이를 먹는다. 일부는 한 번 경련을 일으킨 뒤에 곧 이어서 여러 번 경련을 일으키는 경우도 있다.

개는 경련을 일으키는 동안 사람이나 스스로를 해치지는 않지만 항상 주의하는 것이 좋다. 반려견이 경련을 일으키는 동안 절대로 반려견을 만지지 말고, 부딪치면 다칠 만한 물건을 모두 치우며, 혹시라도 반려견이 계단 꼭대기와 같이 위험한 장소에 누워 있다면 담요를 이용해서 조심스럽게 옮긴다. 텔레비전과 라디오를 끄고 방을 어둡고 조용하게 유지한다. 또한 경련이 일어났다는 것을 수의사에게 알리는 것이 좋다.

**간질**: 이 증상은 대개 2세쯤에 처음으로 일어난다. 개들에게서 상당히 자주 볼 수 있는 증상이지만 약물 치료로 잘 관리할 수 있으므로 이 증상을 가진 개도 건강하게 살 수 있다. 발작은 뇌에서 이상 파형이 나타나면서 일어난다. 원인이 무엇인지는 확실하게 알려지지 않았으나 나이, 성별, 유전적 형질, 약물 등 다양한 원인과 관련된 소질 때문인 것으로 보인다. 발작은 뇌종양, 과거의 외상, 뇌에 수액이 지나치게 많은 뇌수종과 같은 유전적인 이상, 급성 전염병, 간 질환 혹은 경련과 관련이 있을 수도 있다. 약물 복용을 하기 전에 원인을 정확하게 진단하는 것이 필수적이므로 반드시 수의사에게 데리고 간다. 발작을 효과적으로 관리하려면 수의사의 지시를 정확하고 지속적으로 따라야 한다. 약물 치료를 잘 따르면 보통 개와 다름없이 살 수 있다.

**광견병**: 광견병이 풍토병인 지역에서 반려견이 발작을 일으켰다면 이 병이 원인이 될 수 있다. 병에 걸린 반려견이 최근에 광견병이 발생한

지역에서 돌아왔다면 특별히 더 주의를 기울여야 한다. 수의사가 해당 경우에 따라야 할 과정을 알려줄 것이다.

반려견이 발작을 일으킨다고 해서 수의사에게 급하게 왕진을 요청할 필요는 없다. 수의사가 도착할 무렵에는 이미 정상으로 돌아와 있을 것이다. 일단 발작이 끝나면 수의사에게 전화를 해서 조언을 구하고 종합 검진을 예약한다.

# 혹이나 종기가 있어요

혹이나 부은 곳이 며칠 안에 가라앉거나 없어지지 않는다면 수의사의 진료를 받아야 한다. 특히 종기나 종양이라면 초기에 발견하는 것이 아주 중요하다.

**종기**: 박테리아 감염에 의해서 피부 아래가 부어오르는 증상이다. 많은 경우 다른 동물과 싸우는 과정에서 물리거나 찔린 상처에서 발생한다. 통증이 있고 부어오르는 증상은 며칠 동안 열을 동반하기도 한다. 부어오른 곳은 보통 터지면서 고름이 나온다. 종기는 몸 전체에 생길 수 있는데, 어떤 경우는 수술로 해

🐾 몸집이 큰 종은 팔꿈치나 무릎 관절이 부어오르는 경우가 많다. 반려견이 자거나 쉬는 공간에 푹신한 방석 등을 놓아두면 이런 위험을 최소화할 수 있다.

당 부위를 째고 짜내거나 항생제 치료가 필요하므로 신속하게 수의사에게 연락한다.

**발가락 사이가 부어올라 통증이 심한 경우**: '089 절뚝거려요' 편을 참고한다.

**사마귀**: 피부에 어두운 색으로 돌출된 부분으로 통증이 없고 보통 크기가 작다. 원인은 밝혀지지 않았으나 바이러스 감염과 관련된 것으로 보인다. 사마귀가 급속하게 자라면 수의사에게 조언을 구해야 하지만, 그렇지 않은 경우 다음 정기 검진 때 상의해도 된다. 일반적으로 자연스럽게 치유된다. 사마귀는 냉동요법을 이용한 수술이나 국부 연고로 제거할 수 있다.

**피가 찬 종기**: 혈관에 상처를 입거나 수술 후에 고름을 짜면서 부어오른 경우이다. 일반적으로 발생하는 부위는 귀다. 부드럽게 부어오르며 주변 부위의 모양이 일그러진다. 만지기만 해도 아픈 경우가 있지만 대부분은 그렇지 않다. 체온 상승이나 식욕 상실도 동반하지 않는다. 다만 수술로 제거해야 하는 경우도 있으므로 신속하게 수의사와 상의한다.

**벌레에 쏘이거나 물린 경우**: 갑자기 심하게 부어오르기 때문에 분명히 알 수 있다. 특히 코가 짧은 종은 얼굴이나 입을 물리거나 쏘이면 아주 위험하다. 벌에 쏘인 경우 침이 눈에 띄면 핀셋으로 뽑

❋ 이 개는 살모사에게 물려서 얼굴과 목이 넓게 부어올랐다. 벌레에 쏘여도 상당히 심각한 알레르기 반응이 나타날 수 있다.

아낸다. 벌침용 항생제를 바르고 해당 부위를 외과 소독용 알코올이나 하마멜리스 증류수로 닦아준다. 호흡이 가빠지고 붓기가 악화되고 심한 통증을 느끼며 심각한 알레르기 반응을 보이거나 쇼크 혹은 졸도 증상이 일어나면 즉시 수의사에게 연락한다.

개의 몸에 있는 혹이나 붓기는 피부의 부스럼이나 종양에 의한 간지러움 때문일 수도 있다. 그리고 암캐의 경우 몸에서 발견되는 혹이나 종양은 유방암에 해당한다. 이러한 상태가 의심되면 수의사와 상담한다.

# 다쳤어요

**경미한 상처나 찰과상**

반려견이 상처 부위를 핥아서 닦아내도록 내버려두되 자신이나 다른 반려동물이 과도하게 핥지 않도록 주의를 줘야 한다. 이를 위해 반려견의 주의를 분산시키거나 핥지 않도록 가르치거나 그 부위를 붕대로 감아두면 된다. 특정한 상처나 붕대로 감는 것이 힘든 부위는 목에 깔때기 모양의 넓은 엘리자베스 칼라(넥칼라)를 끼워서 상처에 닿지 않게 한다. 필요하다면 반려견에게 맞는 크기의 칼라를 구할 수 있도록 수의사에게 조언을 받는다.

반려견의 주둥이가 상처에 닿을 수 없거나 이를 핥지 않는다면, 생리식염수나 희석한 소독제로 상처 부위를 닦아주고 항생 크림이나 연고를 발라준다. 다 나을 때까지 하루에 두세 번 정도 같은 과정을 반복한다.

**심각한 상처**

어두운 색의 피가 뚝뚝 떨어지는 것은 정맥이 손상을 입었다는 것을 뜻한다. 상처 부위를 닦아주고 거즈나 붕대를 대고 소독약을 적신 솜으로 덮은 뒤에 면 붕대 혹은 탄력 붕대로 감싼다. 붕대를 너무 꽉 감지 않도록 조심한다. 붕대 아래 부분이 부어오르지 않는지 정기적으로 확인한다. 상처가 제대로 아물 때까지 날마다 붕대를 풀고 상처 부위를 소독하고 항생 연고나 크림을 바른 뒤에 다시 붕대를 감아준다. 붕대를 고정할 때는 원통 모양의 관상붕대를 사용하면 좋다.

발에 붕대를 감았을 때는 낡은 양말을 신겨주고 밖에 나갈 때는 그 위에 비닐봉지를 씌우면 깨끗하게 유지할 수 있다. 양말과 비닐봉지를 고정할 때는 고무줄보다 반창고를 이용한다. 고무줄은 너무 오랫동안 감아놓거나 개가 먹어서 혀에 낄 경우 심각한 문제를 유발할 수 있다. 만약 상처 부위가 과다하게 부어오르고 냄새가 나거나 고름이 흐르면 수의사에게 도움을 청한다. 이 경우에는 항생제가 필요하다.

상처에서 선명한 빨간색 피가 솟구쳐 나오면 동맥이 절단됐다는 의미이다. 대동맥이 손상되지 않은 경우에는 압박 붕대를 감아놓으면 출혈을 어느 정도 막을 수 있다. 처음 감은 솜이나 붕대 위로 피가 새어 나오면 한 번 더 감아준다. 일단 피가 멈추면 그다음 날 앞서 설명한 대로 치료를 한다.

이렇게 했는데도 피가 멈추지 않으면 심장과 상처 사이의 적당한 부위에

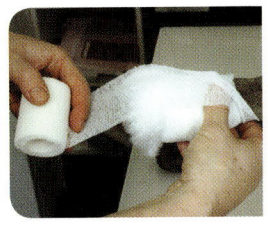 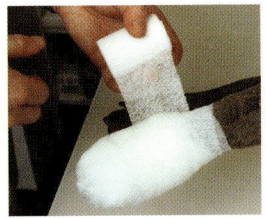 

① 다리에 상처가 나면 먼저 린트 천이나 탈지면을 대고 붕대로 감싸준다.
② 다리 주변에 여러 번 감아준다. 단, 너무 꽉 감지 않도록 주의한다.
③ 마지막으로 반창고를 붙여서 붕대를 제자리에 고정시킨다.

지혈대를 해준다. 지혈대는 너무 오랫동안 두면 안 된다. 지혈대 아래의 피부 상태를 점검하고 만약 차갑거나 푸른빛을 띠면 조금 더 헐겁게 해준다. 지혈대를 해야 하는 상황이라면 나머지 다리에 혈액 공급이 원활히 되도록 출혈 동맥을 꿰매야 하므로 반드시 수의사의 도움을 구한다.

길이 2.5cm 이상으로 깊이 베인 상처는 반드시 꿰매야 한다. 상처를 초기에 치료할수록 회복이 빨리 되므로 지체하지 말고 수의사에게 데리고 간다.

발바닥이나 귀에 난 상처는 걷거나 머리를 흔들 때마다 다시 피가 나 치료하기가 어렵다. 발의 상처가 깊다면 봉합해야 하고, 치료 후 꼼꼼히 붕대를 감아주니 집이 지저분해지는 것을 막을 수 있다. 귀를 베였다면 관상붕대나 타이츠를 머리에 12~24시간 정도 씌워서 머리를 흔들 때 귀가 펄럭거리는 것을 막는다. 이때는 먼저 머리 위에 귀를 잘 포개어놓아야 한다.

### 상처에 대한 현명한 조치

- 털이 상처에 들어가지 않도록 하는 것이 중요하다. 상처 주변의 털을 끝이 뭉툭한 가위로 모두 잘라내는 것이 좋다.
- 깊게 팬 상처의 경우 피부 속은 아직 세균에 감염되어 있는 데 비해 표면이 너무 빨리 치유되기 때문에 농양이 생길 수 있다. 반려견이 야생 고양이와 싸웠다면 항생제가 필요할 수 있으니 수의사에게 찾아간다.
- 상처의 심각성에 확신을 갖지 못하거나 치유되는 동안 상처 가장자리에 심각한 염증이 생기고 쓰라리며 주변을 만져봐서 열이 난다면 지체 없이 수의사에게 조언을 구한다.

## 계속 몸을 핥아요

개가 몸의 한 부분을 계속 핥는다면 생각지 못한 부상을 당했거나 벌레에게 쏘이거나 살 속에 가시가 박혀 있지 않은지 잘 살펴본다. 계속해서 핥아대면 피부에 2차 손상이 올 수 있으므로 원인을 밝혀야 하다.

이처럼 핥는 버릇은 육아종이라는 만성 찰과상의 원인이 된다. 이는 보통 반려견이 스스로 만든 상처다. 지루함이나 욕구불만 혹은 불안에서 비롯된다. 이런 상태는 발목 부분과 같이 대개 입이 쉽게 닿을 수 있는 부분에 나타나며 피부가 쓰라리고 단단하며 붉어진다. 수의사를 찾아가서 예방법과 치료법을 상의하고, 반려견의 일과와 생활 패턴을 좀 더 활동적이며 흥미롭게 만들어준다.

# 힘이 없어요

더운 날에 얼굴이 짧은 단두종이나 노령견, 임신한 암캐가 무기력해지는 것은 지극히 정상적인 일이다. 그러나 일반적인 허약과 무기력은 여러 중병과 관련이 있다. 따라서 수의사에게 반려견을 데려가 진료를 받는 것이 좋다. 수의사가 고려하는 가능성 있는 원인은 다음과 같다.

- 비만
- 빈혈
- 갑상선 호르몬 이상
- 당뇨병
- 심장 질환

무기력은 중대한 질병이 있음을 암시한다.

# 쓰러져서 혼수상태가 됐어요

호흡곤란을 일으키는 모든 질병이나 이상은 심장마비와 같이 일시적인 쇠약 상태의 원인이 된다. 복서, 페키니즈, 퍼그, 불독과 같이 코가 짧은 종이 격렬한 운동을 하면 산소 부족으로 실신할 수 있다. 보통은 잠시 쉬고 머리에 차가운 물을 끼얹어주면 정상으로 돌아오지만, 계속 걸을 때는 반드시 줄을 묶어서 속도를 조절해줘야 한다. 이런 증상이 한 번 이상 발생하면 수의사에게 데려가서 검진을 받는 것이 좋다.

캐벌리어 킹 찰스 스패니얼은 산책을 할 때 빙빙 돌다가 순간적으로 쓰러져서 의식불명 상태가 되는 경우가 있는데, 아직까지 납득할 만한 원인은 밝혀지지 않았다. 보통 쓰러진 개는 빨리 회복하지만 증상은 재발한다. 이외에 개가 쓰러지는 다른 이유는 다음과 같다.

**저혈당**: 불규칙적인 식사 시간, 피로와 관련이 있다. 즉시 에너지 바와 같이 달콤한 먹을거리를 주되 초콜릿은 절대 금지이다. 그런 후에 수의사에게 데리고 가서 철저하게 진료를 받게 한다.

**디스크**: 이 증상은 다리가 짧고 등이 긴 종에게서 가장 빈번하게 일어난다. 디스크 증상이 있는 개는 극심한 고통을 호소하며 허약하다. 또한 서 있을 때 불안정한 자세를 보이거나 뒷다리가 완전히 마비된다. 방광 조절 기능에 이상이 있을 수도 있다. 개를 움직이지 못하게 하고 즉시 수의사에게 데리고 가되 등에 통증이 생기지 않도록 조심해서 옮긴다. 회복하는 데 시간이 오래 걸리며 영구적으로 하지 마비가 올 수 있다는 점을 염두에 둔다.

**저체온증**: 극심한 추위에 노출됐을 때 생긴다. 저체온증인 개는 만져보면 몸이 아주 차다. 수의사에게 도착할 때까지 천천히 몸을 따뜻하게 하고 담요 등으로 헐겁게 감싸 놓는다. 무언가 삼킬 수 있는 상태라면 개가 좋아하거나 마셔본 적이 있는 따뜻한 음료를 준다. 단, 술은 절대로 안 된다.

저체온증에 걸린 개는 몸이 아주 차다. 체온을 따뜻하게 해주고 신속하게 수의사에게 데려간다.

**쇼크**: 교통사고나 내출혈 이후에 발생한다. 쇼크 상태인 개는 몸이 차갑고 맥이 빠져서 기운이 없으며 빠르게 숨을 들이마신다. 입술과 잇몸, 눈꺼풀이 창백해진다. 즉시 가까운 병원으로 가서 정맥주사 등의 처치를 받아야 한다. 입에 아무것도 넣어주지 말고 담요 등으로 헐겁게 감싸서 체온을 유지해준다.

기절은 다음과 같은 원인으로도 발생한다. 이러한 경우에는 수의사에게 데려가서 정확한 진료를 받고 원인에 맞는 약을 처방받는다.

- 당뇨병(특히 인슐린 과다 복용 후)
- 심장 질환
- 신장 질환
- 중독(부동액이나 사람의 약을 먹은 경우)

# 숨을 안 쉬어요

반려견이 숨을 안 쉰다면 몸을 한쪽으로 눕힌 뒤에 입을 벌리고 혀를 앞쪽으로 내놓고 목구멍에 걸린 게 없는지, 기도가 열려 있는지를 확인한다. 가슴을 간헐적으로 압박하고, 입을 막고 코로 숨을 불어넣는 인공호흡을 시도한다.

# 소리를 못 들어요

선천적인 청각 장애는 대개 흰색 털과 관련이 있으며 달마티안, 불테리어, 화이트복서, 코커스패니얼과 몸집이 작은 몇몇 테리어종에게 많이 발생하는 것으로 알려져 있다. 보통 강아지의 경우 난청은 대략 생후 5주가 지나야 분명히 나타난다. 개가 여러 마리 있어서 소리를 못 듣는 강아지가 다른 개들의 행동을 그대로 따라 할 수 있는 환경에서는 난청이라는 점이 눈에 띄지 않는 경우도 있다.

선천적인 청각 장애는 치료를 할 수 없다. 청각은 개가 자기방어를 하고 다른 개와 의사소통을 하며 보호자의 명령에 복종하는 데 결정적인 요소이므로 보통 소리를 못 듣는 개의 보호자는 안락사 시키라는 권유를 받는다.

노령견은 대개 서서히 청력이 나빠진다. 그러나 그 정도 나이가 되면 보호자의 뜻에 반응하는 법이 확실히 몸에 배어 있고 그리 활동적이지 않기 때문에 보호자가 신경이 쓰인다면 모를까 개 스스로에게는 그리 큰 문제가 되지 않는다. 수의사의 진단을 통해서 반려견에게 귀를 멀게 하는 근본적인 질병이나 이상이 있는 것은 아닌지 확인하는 것이 좋다. 귓구멍 속에 귀지가 너무 많이 쌓여 있는 것과 같은 문제로 발생하는 난청은 손쉽게 해결할 수 있기 때문이다.

화이트복서는 선천적으로 소리를 못 듣는 경향이 있다.

# 침을 너무 많이 흘려요

아랫입술이 밑으로 처지거나 벌어져 있는 개들이 입이 꽉 다물어진 다른 개들보다 침을 더 많이 흘리는 것은 당연한 일이다. 또한 열성적으로 먹이를 기다리고 있거나 발정기인 암캐가 주위에 있을 때 수캐가 침을 흘리는 것도 정상이다. 두려움이나 걱정도 침의 분비를 증가시키며, 타액 과다 분비는 차멀미를 알리는 전조이기도 하다.

지금까지 열거한 사항에 해당되지 않지만 과다하게 침을 흘리는 경우라면 신속하게 수의사에게 데리고 간다. 과다한 타액 분비는 구강 내에 발생한 문제와 관련이 있으며 음식을 먹을 때 어려움을 겪게 된다. 또한 유독 물질을 삼켰을 때도 침이 과다하게 나온다.

# 성욕 과잉이에요

성욕 과잉증인 개는 올라타는 행위, 영역 표시, 배회, 다른 개들에게 파괴적이고 공격적인 행동을 하는 증상을 보인다. 몸집이 작은 종이나 중간 크기의 잡종 수캐는 몸집이 큰 종보다 성욕 과잉 행동을 훨씬 많이 보이는 경향이 있다.

건강하고 어린 수캐가 혈기 왕성하게 성욕을 나타내는 것은 정상이다. 특히 발정기에 이른 암캐와 함께 있거나 가까이 접근할 때는 더욱 그렇다. 젊은 수캐 중 많은 경우가 생후 6~14개월인 성숙기에 단기적으로 성욕 과잉 증상을 보이지만 대부분은 일시적이다. 이 시기에는 직접적으로 암캐가 필요하지 않으며 혼자 두는 것이 훨씬 좋다.

🐾 사람에게 올라타는 등의 과도한 성욕 과잉 행동을 참을 필요는 없다. 수의사와 상담하여 이러한 행동을 중단시키는 방법을 배운다.

> 이렇게 해봐요

　중성화 수술은 음낭의 앞을 조금 절개해서 양쪽 고환을 제거하는 방식으로 이루어진다. 음낭 속이 텅 비지만 육안으로는 고환이 제거되었다는 것을 구별하기가 힘들다. 보통 일반 마취를 하며, 수술로 생긴 작은 상처 자국은 합병증 없이 4~6일 안에 아문다. 이 수술은 전립선이 이상 발달한 경우나 검사에서 종양이 발견된 경우 전립선의 크기를 줄이는 데도 활용된다.

　보통 성숙기에 중성화 수술을 하면 지능이나 활동력, 경비력에 영향을 미치지 않는다. 다만 수술 후에 체중이 증가하는 경향이 있지만 섭취 칼로리를 줄이고 운동량을 늘리면 조절할 수 있다.

　중성화 수술은 성욕 과잉을 보이는 개에게 적극적으로 권할 만하다. 수술을 하고 난 뒤의 결과는 문제를 겪었던 기간과 증상의 심각성에 따라 차이가 있다. 때문에 수의사는 먼저 여성 호르몬 주입으로 남성 호르몬을 차단하여 향후 중성화 수술을 했을 때의 결과를 미리 검사해보기도 한다.

　과거에는 많은 사람들이 성욕 과잉 행동을 반려견을 키우면서 당연히 참아야 하는 일이라고 생각했으나, 요즘에는 이러한 불편함을 굳이 감수할 필요가 없다. 수의사에게 이 문제에 대해 조언을 구하면 수술과 행동 억제법을 병행하거나 단독으로 적용할 수 있는 최선의 방법을 알려줄 것이다.

**103-115
암컷 반려견의 질병**

# 물을 너무 많이 마셔요

### 원인과 증상

- 자궁축농증: 보통 발정기가 온 중년의 암캐에게 나타난다. 경우에 따라 비린내 나는 질 분비물에 피가 섞여 나온다.
- 당뇨병

### 이렇게 해봐요

더운 날씨와 과도한 운동 때문이 아니라면 암캐에게는 심각한 증상이다. 바로 수의사에게 도움을 구한다. 이때 반려견의 소변 샘플을 가지고 가는 것이 좋으며 마지막으로 발정기를 겪은 시기를 확실하게 확인해두어야 한다.

# 털이 빠져요

### 원인과 증상

- 난소 제거 뒤에 발생할 수 있다.
- 난소암: 복부가 팽창되고 2년 이상 발정기가 오지 않는다.

### 이렇게 해봐요

보통 좌우 대칭으로 털이 빠지며, 비정상적인 호르몬 수치와 관련이 있다. 혈액 검사로 호르몬 수치를 정확하게 확인해야 치료에 성공할 수 있으므로 먼저 수의사와 상담해야 한다. 하지만 그리 위급한 사안은 아니다.

# 전보다 자주 소변을 봐요

### 원인과 증상

- 질에 염증이 생김: 질 분비물이 있고 질 부위를 자주 핥음
- 발정기의 영역 표시
- 방광의 염증
- 자궁축농증
- 당뇨병

### 이렇게 해봐요

영역 표시 때문이 아니라면 24시간 내에 수의사에게 데리고 가서 원인을 진단하고 적절한 치료법을 찾아야 한다. 특히 소변에 피가 섞여 나오면 꼭 수의사에게 보여야 한다. 가능하다면 소변 샘플을 가지고 가는 것이 좋다.

# 소변을 지려요

### 원인과 증상

- 몸집이 큰 품종 중에서도 특히 성적으로 성숙하기 전에 난소를 제거한 경우
- 과다 복종
- 방광의 염증

### 이렇게 해봐요

수의사에게 도움을 청한다. 소변에 피가 섞여서 나오지 않는다면 이 불편한 증상이 특정한 요소나 사건과 관련이 있는지 천천히 알아봐도 좋다.

# 냄새 나는 혈뇨를 힘들게 눠요

### 원인과 증상

- 질의 염증(질염)
- 방광의 염증과 방광 결석
- 질 종양과 질 점막 부어오름
- 자궁의 염증과 자궁축농증
- 발정기에 이른 암캐
- 출산 뒤

❋ 최근에 출산을 한 암캐는 가끔 피가 섞인 소변을 본다.

### 이렇게 해봐요

발정이나 최근에 새끼를 낳고 증상이 생긴 경우를 제외하고는 즉시 수의사에게 치료를 받게 한다. 가능하다면 소변 샘플을 가지고 간다.

# 배가 나왔어요

### 원인과 증상

- 임신: 유선의 팽창 혹은 젖이 조금 나올 수도 있음
- 상상 임신
- 폐뇨와 방광의 염증: 복부에 통증이 있고 자주 소변을 보려고 함
- 자궁축농증

### 이렇게 해봐요

증상의 원인이 아주 다양하므로 수의사에게 진료를 받아야 한다. 복부가 너무 과다하게 팽창하고 이 증상이 갑자기 일어나는 경우 혹은 구토를 하거나 실신하는 경우에는 바로 수의사에게 데리고 간다.

# 혹이 생겼어요

### 원인과 증상

- 유방암
- 유선의 염증
- 유방 울혈: 유선이 부어올랐지만 염증은 없으며 보통 체온 상승도 동반되지 않음
- 질 점막이 부어오름
- 질 용종: 소변에 피가 섞여 나오기도 함
- 질탈: 질 벽이 하단에서 질구 밖으로 튀어나와 소변을 보기가 힘듦

### 이렇게 해봐요

유선염이나 외상이 생긴 질탈을 제외하고는 수의사에게 급하게 보일 필요는 없다. 그러나 될 수 있으면 빨리 동물병원에 가서 조언을 구

❖ 유선이 부어오르거나 혹이 생기는 것은 흔한 현상이다. 전문가의 조언을 통해 정확한 원인을 알아낸다.

하고 치료를 제대로 시작하는 것이 좋다. 빠를수록 더 효과적으로 치료할 수 있을 것이다.

# 생식기를 심하게 핥아요

### 원인과 증상

- 발정기나 출산과 관련됨
- 방광의 염증
- 질 점막이 부어오름
- 질 용종이나 질에 생긴 염증
- 자궁축농증
- 자궁의 염증

### 이렇게 해봐요

원인이 아주 다양하므로 수의사에게 꼭 진료를 받아야 한다. 상황의 심각성은 암캐의 전반적인 외양 및 계속되는 구토나 소변을 힘들게 보는 것과 같은 증상이 나타나느냐에 따라서 판단된다.

# 생식기에서 분비물이 나와요

### 원인과 증상

- 개방형 자궁축농증
- 자궁의 염증
- 방광의 염증
- 발정기나 출산과 관련됨
- 질에 생긴 염증

### 이렇게 해봐요

특히 구토를 하거나 안색이 안 좋거나 최근에 발정기가 지났다면 응급 수술이 필요할 수도 있으므로 지체하지 말고 수의사에게 보인다. 출산을 할 암캐가 자궁염이 의심되는 경우도 신속한 치료가 필요하다.

# 실수로 짝짓기를 해버렸어요

반려견이 예상치 못하게 짝짓기를 했다면 지체 없이 수의사에게 데리고 간다. 임신을 막으려면 3~7일 안에 에스트로겐 주사를 맞아야 하기 때문에 신속하게 대처해야 한다. 유감스럽게도 이 주사를 놓는다고 하더라도 항상 성공하지는 못하며 반대의 결과가 발생하는 부작용이 생길 수 있다. 에스트로겐 주사는 암캐가 다시 발정을 시작하게 하므로 더욱 짝짓기를 원하게 되는 결과가 발생하기 때문이다. 따라서 이 상황에서는 암캐가 다시 짝짓기를 하지 못하도록 확실하게 주의를 기울이는 것이 아주 중요하다.

이외에도 임신을 유지시키는 호르몬인 프로게스테론의 작용을 방해하는 약이 포함된 제품이 있다. 24시간 주기로 두 번 주사를 맞아야 하며 짝짓기 후 0~24일부터 임신이 된 후에도 효과가 있다. 그러나 무엇보다 초기에 주사를 맞는 것이 더욱 효과적이다. 각 상황에 따라 어떤 조치가 가장 효과적인지 수의사에게 조언을 듣는다. 초기에 수의사를 찾아간다면 훨씬 다양한 대책을 마련할 수 있다.

짝짓기를 했다는 의심이 들면 모든 정황을 수의사에게 이야기해야 한다. 때에 따라서 질 분비물을 면봉으로 채취하여 짝짓기 여부를 확인할 수도 있다.

이미 짝짓기가 이루어진 다음에 계속 임신 중절을 하는 것은 암캐의 건강을 위험하게 한다. 따라서 무엇보다도 미리 예방하는 것이 아주 중요하다. 번식할 목적이 아니라면 난소 제거 수술을 해주는 것이 좋다. 예기치 않았던 짝짓기 때문에 호르몬 주사를 맞히고 난 이후에 난소 제거를 하는 것보다 짝짓기를 한 뒤 3~4주일 뒤에 난소 제거 수술을 하는 것이 낫다고 제안하는 수의사들도 있다.

❈ 발정기인 암캐가 예상치 못하게 짝짓기를 했다면 임신을 막는 주사를 놓을 수도 있다. 그러나 새끼를 낳을 계획이 없다면 자궁과 난소를 제거하는 중성화 수술을 해주는 것이 좋다.

# 원치 않는 임신을 했어요

새끼 강아지들을 낳는 것은 암컷 반려견은 물론 보호자에게도 준비와 각오가 필요한 일이다. 만약 반려견이 원치 않는 임신을 했다면 수의사에게 상담을 요청하자. 임신한 지가 너무 오래되지 않았고 굳이 새끼를 낳게 할 계획이 없다면 중성화 수술을 통해 자궁과 함께 태아를 제거하는 방법도 있다.

## 발정기 무렵에 배앓이를 해요

일부 암캐는 발정기를 앞두고 복부 통증이나 식욕 상실과 같은 증상을 보인다. 암캐의 발정기는 두 단계로 나뉘며 각각 보통 9일 동안 지속된다. 첫 번째 단계인 발정 전기는 분비물에 피가 섞여 나온다. 그리고 두 번째 단계인 발정기는 암캐가 수캐와 짝짓기를 하는 단계이다. 복부 통증이 심하게 계속된다면 통증을 유발하는 다른 원인이 있을 수 있으므로 수의사에게 데리고 가는 것이 좋다.

# 발정기에 문제를 일으키면 어쩌죠?

새끼를 낳게 할 계획이 전혀 없다면 암컷 반려견의 발정기를 조절해 주는 것이 좋다. 그 이유는 다음과 같다.

**건강상의 이점**: 특히 자궁축농증과 같이 암캐의 자궁에 문제가 생길 위험과 상상 임신 혹은 질 점막이 부어올라 겪는 고통이 없어지며 자궁암에 걸릴 가능성이 훨씬 줄어든다. 최초 발정 전에 중성화 수술을 받으면 유선종양 발병률이 99.5퍼센트 줄어들고 1회 발정 후에 중성화 수술을 받으면 발병률이 92퍼센트 줄어든다.

**원하지 않는 임신과 무계획적인 번식 방지**

**반려견과 지속적으로 서로 의지할 수 있는 관계 유지**: 암캐는 발정기 및 발정기가 끝난 다음에 성격이 변한다. 특히 상상 임신으로 고통 받는 경우에는 그 정도가 더 심해진다.

**암캐를 키우면서 겪는 불편함을 없앰**: 불편한 출혈, 보기 흉한 질 비대, 수캐들의 꼬임, 1년에 두 번씩 3주 동안 암캐를 격리하거나 하루 종일 감시해야 하는 등의 여러 가지 번거로운 문제를 예방할 수 있다. 난소 제거 수술을 받은 암캐는 밖에서 헤매고 다니는 경향도 줄어든다.

　암캐의 발정기는 난소를 제거하거나 사람의 피임약에 포함된 것과 비슷한 인공 호르몬을 사용하는 약물 요법으로 조절할 수 있다. 각 방법은 장단점을 가지고 있으며, 이와 관련된 문제를 수의사와 심도 깊게 논의해서 각자의 반려견과 상황에 가장 적합한 대책을 선택해야 한다. 반려견의 종이나 보호자의 요구 사항에 따라서 다양한 선택을 할 수 있다는 사실을 꼭 알아야 한다.

❈ 발정 중인 암캐를 기르는 것은 여러 면에서 손이 많이 간다. 그중 하나는 의도하지 않았음에도 주변에 사는 수캐들이 몰려든다는 점이다.

특히 몸집이 작은 종의 암캐는 난소 제거 수술이 잘되며 부작용의 위험이 적다. 이에 비해서 몸집이 큰 종은 요실금이 생길 가능성이 있다는 것을 고려해야 한다. 중성화 수술을 받은 암캐는 체중이 느는 경향이 있다. 그러나 이러한 문제는 칼로리 섭취량을 줄이고 운동량을 늘리면 쉽게 해결이 된다. 중성화 수술을 한 암캐는 체중을 정기적으로 확인하는 것이 현명하다.

일부 종은 수술 후에 피부 상태가 변하기도 한다. 스패니얼, 레트리버, 콜리종은 털이 더욱 많아지며, 도베르만과 같이 털이 짧은 종은 옆구리 털이 빠지기도 한다.

중성화 수술을 원한다면 반려견의 최초 발정이 있기 이전인 생후 5개월 정도에 미리 수의사와 상의하는 것이 좋다. 반려견이 건강하다면 최초 발정기 이후라도 중성화 수술을 할 수 있지만 발정기 중이나 상상임신 증상을 보일 때는 안 된다.

일부 수의사는 첫 번째 발정기가 오기 전에 중성화 수술을 하라고 조언하지만, 일부는 적어도 한 번은 발정기 때의 호르몬 변화를 경험하게 해서 반려견이 정신적으로나 육체적으로 완전하게 성숙해지도록 해야 한다고 주장한다.

강아지들은 사랑스럽지만 키우는 데 시간이 많이 소요된다. 중성화 수술은 암캐의 건강에 여러모로 도움이 되고, 예기치 않게 수많은 강아지들과 살게 되는 문제도 예방할 수 있다.

**이 장에서 다룰 내용**

**116** 나이가 들었어요

**117** 청력을 잃어가요

**118** 시력을 잃어가요

**119** 요실금이 생겼어요

**120** 소화불량이에요

**121** 관절염 때문에 힘들어해요

**122** 안락사를 시켜야 할까요?

# 4장

## 노령 반려견의 삶의 질 유지하기

# 나이 든 반려견과 살아가기

늙었다고 해서 반드시 삶의 질이 떨어지라는 법은 없다는 점을 명심하자. 당신과 반려견 사이에 형성된 애정을 기반으로 반려견이 늙어서도 행복하고 만족스럽게 살아갈 수 있도록 노력하자. 특히 정기적으로 건강 검진을 받아 초기에 문제점을 발견하고 신속하게 적절한 조치를 취하는 것이 중요하다.

기본적으로 영양 성분을 균형 있게 함유하고 있는 먹이를 쉽게 구할 수 있으며 효과가 좋은 예방 접종과 최근 30~40년 동안 대단히 발전한 수의학 덕분에 반려견의 수명은 과거에 비해서 훨씬 길어졌다.

물론 현대 문물의 이기 덕분에 이렇게 수명이 길어졌다고 하지만, 가장 중요한 점은 역시 보호자가 반려견을 얼마나 잘 돌보느냐 하는 것이다. 몸집이 작은 종의 경우 평균 수명이 14세이며, 17세까지 사는 경우도 흔하다. 그러나 대형견 등은 비교적 수명이 짧으며 특히 불독은 8~10년을 넘기는 경우가 거의 드물다. 일부 개들은 다섯 살만 지나도 주둥이와 눈썹이 하얗게 변하는 것이 발견되지만 그렇다고 해서 사람으로 따지면 은퇴한 연금 수령자나 지팡이를 들어야 하는 존재로 취급할 필요는 없다. 아주 나이를 많이 먹으면 털 전체가 백발로 뒤덮이고 일부 개는 몸 전체가 회색 혹은 하얀색으로 변하는 경우도 있다.

## 반려견의 삶의 질을 높이는 비법

**YES**
- 반려견이 매일 마시는 물의 양을 기록한다. 나이가 많은 개에게 있어 갈증이 심해지는 것은 심각한 증상이다. 대개 신장 질환이나 당뇨병과 관련이 있을 수 있다.
- 반려견이 진짜로 좋아하는 먹이를 준다. 먹이를 데워주면 맛이 더 좋아진다. 반려견에게 더 편한 먹이 그릇을 사용하고 먹기 편리한 높이에 놓아둔다.
- 정기적으로 건강 검진을 해서 중병과 이상 상태를 초기에 발견하도록 노력한다. 노령견일수록 신속하게 치료를 하는 것이 무엇보다 중요하다.

**NO**
- 매우 추운 날에 데리고 나간다. → 아주 찬 공기는 반려견에게 좋지 않은 영향을 준다.
- 자주 애견호텔에 맡긴다. → 특히 반려견을 낯선 곳에 자주 맡길 경우에 이곳에서 받는 스트레스 때문에 잠재적인 병이 촉발될 수 있다.
- 먹이를 너무 많이 준다. → 짧은 거리만 산책하는 개의 경우는 여기저기 뛰어다니거나 긴 도보 여행, 등산 등을 하는 개들과는 달리 먹이를 많이 주지 않아도 된다. 비만인 개는 심장 질환, 관절염, 당뇨병에 걸릴 확률이 높아진다는 점을 명심한다.
- 심장병이 있는 반려견을 과다하게 운동시킨다. → 발작적으로 기침을 하거나 호흡곤란을 일으키거나 관절 통증 때문에 힘들어할 수 있다.
- 노령견을 혼자 외출하게 한다. → 나이가 들수록 시각과 청각 기능이 저하되면서 이전에 비해서 방향 감각을 잃고 집을 찾지 못하게 된다.

# 우리 강아지, 이럴 땐 어쩌죠?

# Q&A

| 116~122 |

노령 반려견의 삶의 질 유지하기

# 나이가 들었어요

노쇠한 개는 보호자의 보살핌이 아주 많이 필요하다. 방향 감각과 침착함을 잃고 몸 상태의 기복이 심해진다. 걱정되는 부분이 있다면 수의사에게 건강 검진을 의뢰한다. 일부의 경우 약물 치료가 효과를 보이거나 반려견의 건강을 빠르게 회복시키기도 한다. 무엇보다도 큰 애정을 가지고 반려견을 관대하게 대해야 반려견의 삶을 훨씬 행복하게 만들 수 있다.

## 청력을 잃어가요

정기적으로 다양한 크기와 음조의 소리로 반려견의 청력을 검사해보는 것이 좋다. 청력의 이상을 감안하여 반려견이 항상 보호자 가까이에서 걷게 함으로써 잠재적인 위험에서 보호한다. 반려견과 의사소통을 할 때는 몸동작이나 손짓을 이용한다. 6개월이나 1년에 한 번씩 수의사에게 검진을 받는 것이 좋다.

# 시력을 잃어가요

수의사에게 데리고 가서 검사를 하고 상황을 개선시킬 수 있는 치료 방법이 있는지 알아본다. 부상 등의 위험이 있으니 가능하면 주변 환경을 많이 바꾸지 않는 것이 좋다. 예를 들어서 그저 보기 좋다는 이유로 가구 등을 옮겨서는 안 된다.

🐾 나이가 들어 시력을 거의 잃은 반려견도 보호자가 인내심과 사랑을 가지고 대해 준다면 얼마든지 질 높은 삶을 누릴 수 있다.

# 요실금이 생겼어요

소변을 지리는 것이 단순히 반항의 의미이든 혹은 잠자리에서 일어나서 나오는 게 힘들어서 벌어진 실수든, 일단 근본적인 문제가 있는 것은 아닌지 먼저 검사를 해보는 것이 좋다. 많은 경우에 약물 치료가 도움이 된다.

물론 두말할 필요도 없겠지만 나이 든 반려견이 소변을 지리는 실수를 하더라도 야단치는 일은 절대로 금물이다. 예전보다 더 반려견을 자주 데리고 나가서 대소변을 볼 기회를 많이 만들어주는 수밖에 없다.

# 소화불량이에요

강아지 시절로 돌아갔다고 생각하고 하루에 서너 번에 걸쳐서 조금씩 먹이를 준다. 시중에 반려견의 입에 맞고 소화가 쉬운 특별식이 다양한 맛으로 나와 있다. 수의사와 간호사에게 조언을 구해서 적절한 먹이를 고르는 것이 좋다.

🐾 반려견이 나이를 먹어서 위가 약해지면 좀 더 쉽게 소화되는 먹이로 조금씩 바꿔본다.

# 관절염 때문에 힘들어해요

관절염은 나이 든 개에게 흔하게 나타나는 질병이므로 절망할 필요는 없다. 관절염은 오랫동안 연구되어 왔으며 현재 증상 완화에 도움을 주는 효과적인 제품들이 시중에 많이 나와 있다. 수의사가 보호자의 상황에 맞는 약을 조언해주고 비용에 비해 효과가 높은 투약법을 알려줄 것이다.

## 안락사를 시켜야 할까요?

많은 사람들이 반려견이 너무 늙거나 아픈 경우 차라리 안락사를 시키는 것이 낫다고 생각한다. 앞다리 정맥에 간단히 주사를 놓는 것만으로 반려견은 상당히 품위 있게 죽음을 맞이할 수 있다. 그러나 이는 꼭 수의사의 도움을 받아야 하며, 수의사가 적절한 시기를 알려줄 것이다.

이러한 결정을 내릴 때는 반려견의 입장에서 생각하고 안락사만이 최선이라는 확신이 들 때 실시한다. 사실 사람들은 이런 결정을 선뜻 내리지 못하고 망설인다. 오랫동안 나눠온 사랑을 갑자기 끊어버리고 싶지 않기 때문일 것이다. 그러나 반려견을 안락사 시키려는 결심이 보호자의 필요나 욕구를 만족시키려는 이기심에서 비롯되어서는 결코 안 된다는 점도 명심해야 한다.

한두 주 정도만 더 기다려보자는 생각으로 미뤄서는 안 된다. 몇 주가 몇 달이 되고 곧 몇 년이 된다. 그 사이 반려견은 건강이 더 악화되고 극심한 통증에 시달릴 수도 있다. 차라리 수의사와 의논해서 어느 정도 시기를 정해놓고 반려견이 일정한 행동을 할 수 없거나 결정적으로 쇠약해지거나 더 이상 질 높은 삶을 누리지 못한다고 판단되면 지체하지 않도록 기준을 정해놓는 편이 낫다.

안락사에 대해 세심하게 고민하고 적절한 결정을 내리면, 훗날 반려견이 만성 질병에 시달리며 비참하게 죽어가는 과정이 아니라 건강하고 생명력이 넘치던 행복했던 순간을 추억으로 떠올릴 수 있을 것이다.

### 애도

반려견이 자연적으로 사망하든, 안락사를 통해 세상을 떠나든, 죽음을 삶의 당연한 결과로 받아들일 준비를 해야 한다. 마음껏 슬퍼하고 반려견을 잃은 고통을 직시한다. 반려견의 죽음을 받아들이기 위한 자신만의 시간과 공간이 필요할 것이다. 속 시원하게 울고 다른 사람에게 슬

품을 털어놓고 글로 옮겨보는 방법 모두가 슬픈 감정을 해소하는 데 도움이 된다. 자녀가 있다면 개괄적이되 솔직하게 반려견에게 일어난 일을 설명하고 매장 혹은 화장 등 장례 계획을 이야기해준다. 어린이들에게는 자신들의 반려견이 죽은 뒤에도 관심과 존경을 받는다는 사실을 아는 것이 매우 중요하다.

## 다른 반려견의 입양

다른 반려견을 입양하는 것이 과연 각자의 상황에서 현명한 일인지 시간을 두고 생각해본다. 죽은 반려견을 대체하는 수단으로 다른 반려견을 입양한다는 생각이나 말은 아예 하지 말아야 한다. 이는 새로운 반려견에게는 아주 불공평한 일이다. 모든 반려견은 저마다 의미 있는 개체로 인식되어야 한다. 물론 각각의 반려견은 자신만의 독특한 개성을 가지고 있지만, 결국은 보호자가 어떻게 하느냐에 따라서 성격이 달라진다. 새로 입양한 반려견이 앞으로 여러분의 가족에게 아주 이상적인 반려견이 될 수 있는가는 전적으로 여러분의 손에 달려 있다. 자, 이제부터 시작이다.

## 찾아보기

**ㄱ**

간염, 간 질환   202, 209, 236, 243, 283
간질   208, 296
감전   157
갑상선 이상   236, 306
개 진정 페로몬   42-43, 106
개목걸이   115, 166-168, 183
건강 지수   232
검진   200-201, 219, 336, 338, 340
경련   202, 208, 211, 238, 252, 295
경비견   55, 220, 227
고양이   26, 41, 138-140, 304
고환염, 고환 질환   210, 211
골절   187, 286
공격성   39, 45, 50, 58, 65, 75-76, 83, 199
공포증   35, 103-107
과민증   107, 206, 208, 234, 258
관절염   101, 144, 232, 276, 286, 345
광견병   203, 296
교통사고   186-187, 286, 289, 308
구취   290, 292-294
구토   120, 154, 173, 202-207, 215-216, 223-226
귀 관련 질환   246-249, 250-251, 311-312
귀두염, 귀두포피염   280
기관지염   204-205, 288

기생충   176, 215-218, 229, 258, 267, 269, 282

**ㄴ**

놀이장   52, 54, 97, 135
뇌수종   296
눈 관련 질환   242-245

**ㄷ**

닥스훈트   154, 174
달마티안   178, 209, 311
당뇨병   100, 207, 229, 236, 306, 309, 316, 318
도베르만   166, 214, 332
독혈증   236, 279
디스크   308

**ㄹ**

래브라도   95, 256

**ㅁ**

마법의 체벌   37, 64, 70, 73, 128, 142, 175
마비   203, 252, 308
멀미   78-80, 225, 313
목욕시키기   132-133, 220
목줄   31-33, 88-89, 114, 166-168

## ㅂ

바셀린  122, 133
바이러스  119, 202-205, 243, 269, 271, 299
반려견 보험  180, 200
발작  206, 208, 295-297
발정기  120, 128, 162-163, 194, 329, 330-333
발진  261, 262
발톱 깎기  219
방광 질환  209, 274, 277, 278, 318-321, 324, 325
방귀  265-266
배변봉투  169-170
배회  66, 314
변비  210, 216, 266, 271, 272-273
복서  35, 307
복수  283
분리불안  35, 84-87
불독  253, 307
비만  220, 229-234, 253, 306, 338
빈혈  263, 306

## ㅅ

사료  159-161, 229, 231, 281
사마귀  299
산욕급간  211, 252
살균제  111, 119, 125
상상 임신  212-213, 214, 283, 321, 330, 332
설사  189, 202-203, 206, 216, 266, 269-270
성욕 과잉  66-67, 100, 126, 314-315
셰퍼드  256, 257, 268
손가락 칫솔  293

쇼크  151, 208, 224, 254, 282, 308
수명  232, 266, 336
수영  172, 220
수유  211, 252, 256
스트레스  57, 103, 227, 270, 338
시력 상실  208, 240, 245, 342
신장 질환  224, 279, 309, 338
심부전  207, 208, 232
심장 질환  203, 283, 288, 306, 309, 338

## ㅇ

안락사  19, 65, 84, 311, 346-348
알레르기  130, 191, 206, 247, 257, 258, 288, 299
약용 파라핀 용액  115, 189, 272
얼룩 제거, 얼룩 제거제  99, 118-119, 122
엘리자베스 칼라  301
영역 표시  66, 126-128, 275, 314, 318
예방 접종  135, 200, 202, 204-205, 220, 336
올챙이배, 헛배 부름  281-284, 232, 265-266
우유  161
유방암  214, 300, 322
유선염  214-215, 322
이름표(마이크로칩)  177-179, 220
인공호흡  157, 310
일사병  192, 252-254
임신  195, 212, 216, 227, 283, 306, 321, 326, 328, 330
잇몸 질환  290-291

## ㅈ

자궁축농증  213, 224, 280, 283, 316, 318, 320, 321, 324, 325, 330
저체온증  308
저혈당  307
전립선 이상  210, 273, 274, 279, 315
전염병  202-205, 235, 256, 263, 288, 289, 296
전염성 기관지염  204, 288
젠틀리더  167
종기  215, 287, 294, 298-300
중성화 수술  66, 76, 127, 162, 163, 171, 185, 210, 213, 220, 315, 327, 328, 330
쥐약 중독  279
지혈대  115, 187, 302, 303
질 관련 질환  274, 316, 318, 320, 322, 324, 325
질투  68-69, 126, 137, 152-153
짝짓기  49, 162, 194-195, 326-327, 329

## ㅊ

찰과상  301, 305
천식  130, 206
청력 상실  311-312, 341
초콜릿  112, 149 154-155, 220, 307
초크 체인  166
촌충  176, 215-217, 260
췌장 이상  207, 266, 270
치와와  184, 214

## ㅋ

콜리  242, 332
크레이트  52-54, 85, 97, 125, 135, 142

## ㅌ

털 손질  101-102, 143-145, 219, 220
털갈이  219, 256-257

## ㅍ

패혈증  279
퍼그  307
편도선염  250, 289

## ㅎ

하네스  167
항생제  185, 188, 209, 210, 215, 287, 299
호루라기  28, 29, 98
호흡기 질환  239, 288-289
혼수상태  192, 203, 211, 253, 307-309
화상  111, 150-151, 208
화이트복서  311, 312
회충  176, 215-217
훈련용 원판  38, 40-41, 69, 71, 72

# 우리 강아지,
# 이럴 땐 어쩌죠?

1판 1쇄 발행 2008년 3월 17일
2판 1쇄 인쇄 2019년 4월 24일
2판 1쇄 발행 2019년 5월  1일

**지은이** 짐 에반스
**옮긴이** 신승미

**발행인** 양원석
**본부장** 김순미
**편집장** 김건희
**책임편집** 지소연
**디자인** RHK 디자인팀 박진영, 강소정, 김미선
**해외저작권** 최푸름
**제작** 문태일, 안성현
**영업마케팅** 최창규, 김용환, 정주호, 양정길, 이은혜, 신우섭,
           조아라, 유가형, 김유정, 임도진, 정문희, 신예은

**펴낸 곳** ㈜알에이치코리아
**주소** 서울시 금천구 가산디지털2로 53, 20층 (가산동, 한라시그마밸리)
**편집문의** 02-6443-8879    **구입문의** 02-6443-8838
**홈페이지** http://rhk.co.kr
**등록** 2004년 1월 15일 제2-3726호

**ISBN** 978-89-255-6643-6 (13490)

※ 이 책은 ㈜알에이치코리아가 저작권자와의 계약에 따라 발행한 것이므로
  본사의 서면 허락 없이는 어떠한 형태나 수단으로도 이 책의 내용을 이용하지 못합니다.
※ 잘못된 책은 구입하신 서점에서 바꾸어 드립니다.
※ 책값은 뒤표지에 있습니다.